Reinhard Prochazka

Wenn Wasser und Feuer sich begegnen

Feng Shui, I Ging und
die Reise zu sich selbst

Reinhard Prochazka

Wenn Wasser und Feuer sich begegnen

Feng Shui, I Ging
und die Reise zu sich selbst

JOY
VERLAG

Für Wilhelmine und Arnold Keyserling

Dieses Werk enthält zahlreiche Zitate aus dem *I Ging* in der Übersetzung von Richard Wilhelm. Um einen häufigen Wechsel zwischen alter und neuer Orthographie zu vermeiden, wurde das Buch durchgängig nach den Regeln der alten deutschen Rechtschreibung gesetzt.

Die Deutsche Bibliothek - CIP-Einheitsaufnahme
Prochazka, Reinhard:
Wenn Wasser und Feuer sich begegnen : Feng-Shui, I-Ging und die Reise zu sich selbst / Reinhard Prochazka. - 1. Aufl.. - Sulzberg : Joy-Verl., 2002
  ISBN 3-928554-43-3

Auflage 3 2 1
Jahr 2004 2003 2002

© 2002 by Joy Verlag GmbH, 87477 Sulzberg

ISBN 3-928554-43-3

Umschlaggestaltung: Kuhn Grafik, Zürich
Satz und Gestaltung: Michael Epperlein, Biberach a.d. Riß
Lektorat: Erdmute Otto, Hamburg
Druck: Legoprint S.P.A., Lavis (TN)

Gesetzt aus der Utopia 9,8 Punkt

Printed in Italy

Inhalt

 **Teil 3**

Vorwort

Dieses Buch lebt von einer besonderen, auf Synthese und Integration bedachten Darstellungsweise. Es schließt mit einem neuen Ansatz eine schon lange bestehende Lücke. Denn zahlreich sind zwar inzwischen die Publikationen, die zum Thema Feng Shui oder zur Weisheit des *Buches der Wandlungen (I Ging / Yijing)* erschienen sind. Doch hier vereint der Autor Erfahrungsgebiete, die ihn als *I-Ging*-Kenner und Feng-Shui-Praktiker sowie als therapeutisch erfahrenen Berater aus der Schule der Initiatischen Therapie (M. Hippius / K. Graf Dürckheim) kennzeichnen.

Für den Leser verbindet dieses Buch daher gewinnbringend zwei vielleicht zunächst fremd erscheinende Ufer auf neue Weise:
- das uralte, Ruhepol bietende Weisheitswissen des fernen Ostens einerseits,
- ein dynamisches, auf den eigenen Initiationsweg vertrauendes Leben im temporeichen 21. Jahrhundert andererseits.

Damit der Mensch sich selbst ins Zentrum, in die *Große Mitte* eines zwischen Himmel und Erde verankerten Lebens eingliedern kann, ist ein größerer Horizont nötig als der, den eine isolierte Betrachtung einzelner Fachgebiete ermöglicht.
Reinhard Prochazka verknüpft daher in diesem Wegbegleiter die großen, entwicklungsbedeutsamen Themen aus Feng Shui, *I Ging* und Initiationswissen, damit der eigene Lebenslauf aus der Banalität einer brav angepaßten Alltagsexistenz herausgelöst werden kann: Wir entdecken, daß die Reise des »Helden« in uns mehr ist, als wir denken; ja, der Mensch ist mehr, als er denkt ...
So steckt dieses Buch auf erhellende Weise einen Ereignishorizont ab, in dem sich altüberliefertes Wissen um Wandlung und Reifung wieder aktualisieren kann. Das Panorama zeigt: Der einzelne, unverwechselbare Mensch steht im Schnittpunkt von Erlebnissen und Bildekräften einerseits und der Einmaligkeit von Charakter und Persönlichkeit andererseits.
Der Mensch ist seinem Urbild gemäß ein sich dynamisch entwickelndes Wesen. Hat er einmal seine Wanderschaft und Selbstreflexion – also die Reise zu sich selbst – begonnen, so drängt es ihn, jede Zersplitterung zu ver-

meiden und zur Integration seiner vielfältigen Neigungen, Charakterzüge und Begabungen fähig zu werden. Sicherlich handelt es sich um einen lebenslangen Wandlungsprozeß zwischen erster Bewußtwerdung und letzter Reifung im Moment des Abschiednehmens von dieser Erde. Doch dieser Weg der Individuation wird um so reicher und schöpferischer, je mehr wir uns erlauben, auch über den Tellerrand unserer eigenen Kultur- und Wissensgüter hinauszublicken.

Ab einer gewissen Tiefe der Wahrnehmung und Erkenntnis erreichen Menschen, die sich als »Suchende in Ost und West« verstehen, die Ebene universal gültiger Aussagen über das Abenteuer des initiatischen Weges. Der Pilger durch die Zeiten und Wege weiß aus persönlicher Erfahrung:

> »Am Grunde des Ozeans sind alle Inseln miteinander verbunden.«

So tauchen wir bei der Lektüre dieses Buches in eine Welt ein, die auf Grundbegriffe altchinesischer und moderner psychologischer Weltsicht gegründet ist. Und dieser Ansatz ist nötig. Die weithin recht einseitig gewordene Entwicklung unserer materiellen Welt bedarf der Ergänzung. Es ist die Ergänzung durch eine Evolution des geistig-seelischen Bereichs, wie sie nicht zuletzt dieses Buch lehrt. Es knüpft damit am »Erkenne dich selbst«-Motto aus dem altgriechischen Tempel von Delphi an. Doch es erweitert diesen Gedanken durch Anleitungen und Hinweise auf die dem Stand des heutigen Wissens gemäße Betrachtungsweise.

Die Kunst eines schöpferischen Lebensentwurfs, also die Kraft zur *Autopoiesis*, beruht heute schon für viele Menschen auf einer breiter gefaßten und in drei Prozessen wurzelnden Arbeit an sich selbst: Selbsterfahrung – Selbstverständnis – Selbstentwurf. So könnte das Motto von Delphi in erweiterter Form uns allen eine hilfreiche Richtschnur bieten:

> »Erkenne dich selbst – erlerne dich selbst – entwerfe dich selbst!«

Franciscus J. M. Adrian

Einleitung

Mozarts *Zauberflöte* sah ich zum erstenmal im Alter von sieben Jahren. Ich erinnere mich noch heute sehr gut an die Enttäuschung zu Beginn, weil der Darsteller des edlen Prinzen Tamino so gar nicht meinen Vorstellungen von einem Prinzen entsprach, an die kindliche Freude – jedesmal, wenn der naiv-närrische Papageno auf der Bühne stand – und an das Herzklopfen, als Tamino und Pamina als junges Paar durch das Wasser und das Feuer schritten. Diese letzte Prüfung mußten sie bestehen, um in den Weisheitstempel des Hohenpriesters Sarastro aufgenommen zu werden. In Mozarts Oper wird das Überwinden der Gefahren, die Wasser und Feuer bedeuten, als eine Initiation in eine reifere Form des Menschseins dargestellt, bei der man sich nicht mehr mit einer rein materiellen Ausrichtung seines Lebens zufriedengibt, sondern das tiefe Bedürfnis verspürt, dem Leben zu dienen und den Mitmenschen in ihrer Entwicklung beizustehen.

Herzklopfen befiel mich auch, als ich im »reifen« Alter meine Junggesellenodyssee beendete und mit *meiner* Pamina zur Trauung schritt. Ich wähnte mich am Ziel meiner Wünsche: eine Traumfrau an meiner Seite, eine schöne Wohnung, ein Beruf, der mir Freude bereitete, und ein zum Bersten volles Auftragsbuch. Erfolg und Anerkennung auf allen Ebenen. In all der Freude und dem Überschwang aber tauchte auch die Frage auf: »Du bist am Ziel deiner Wünsche, du hast alles erreicht, was du wolltest – aber was kommt nun? Es liegen ja noch so viele Lebensjahre vor dir!«

Schon eineinhalb Jahre später sah die Lage anders aus: Ein Paukenschlag riß uns aus der Idylle. Meine Frau war lebensgefährlich erkrankt. Als sie nach monatelangen, intensiven Therapiebemühungen endlich wieder genesen war und wir glaubten, aufatmen zu können, kam die nächste Herausforderung:
Wir zogen um in eine noch schönere Wohnung mit großem Balkon und herrlicher Aussicht. Den Nachteil der dort fehlenden »Reichtumsecke« erkannten wir nicht, denn von Feng Shui hatten wir damals noch keine Ahnung. Prompt verschlechterte sich meine Auftragslage. Verwöhnt von vielen fetten Jahren, verstand ich die Welt nicht mehr. Da erst stieß ich auf Feng Shui und wußte bald über Reichtumsecken und andere sich im Wohnungs-

grundriß spiegelnde Lebensbereiche Bescheid. Trotzdem schien mir die in dieser Hinsicht ungünstige Wohnung als Erklärung für meine unbefriedigende Situation nicht ausreichend.

Ich suchte weiter – besonders im *I Ging*, dem *Buch der Wandlungen*. Dies ist ein uraltes chinesisches Weisheitsbuch, dessen Bedeutungtiefe hervorragend dafür geeignet ist, das Wissen über Feng Shui immer wieder neu zu bereichern und zu ergänzen. Auf der Grundlage meiner psychologischen Kenntnisse und Erfahrungen erschlossen sich mir nach und nach weitere Schatztruhen der chinesischen Kosmologie:

• Ich begann die »Bausteine« des *I Ging*, Trigramme genannt, in ihrer faszinierenden Vielschichtigkeit zu verstehen. Das Ergebnis meiner Bemühungen, ihre Bedeutungtiefe westlichem Denken zugänglich zu machen, lesen Sie im ersten Teil dieses Buches.

• Gemäß der Feng-Shui-Tradition kann man jedem Menschen (anhand seines Geburtsjahres) eines der acht Trigramme zuordnen. Ich fand nun heraus, daß die komplexen Bedeutungen des jeweiligen Trigramms erstaunlich zutreffend grundlegende Wesenszüge einer Person beschreiben, die diesem Trigramm zugehörig ist.
Entsprechend den acht Trigrammen lassen sich acht Wesenstypen beschreiben. Ich bezeichne sie als »der Unternehmer«, »die Erdmutter«, »der Erneuerer«, »die auf stille Weise Zielstrebige«, »die Seelenführerin«, »der Lichtbringer«, »die Moderatorin« und »die Buddha-Natur«. Sie sind im dritten Teil des Buches beschrieben.

• Noch verblüffter war ich aber, als ich das Trigramm einer Person mit dem Trigramm der Wohnung, in der sie lebte, in Beziehung setzte. Dabei ergibt sich eines von 64 Hexagrammen des *I Ging*, deren Bedeutung man nachlesen kann. Sie heißen etwa: »Die Fülle«, »Gemeinschaft mit Menschen«, »Der Friede«, aber auch »Die Minderung«, »Die Stockung«, »Der Streit« usw. Ihre Beschreibungen benennen auffallend häufig jene zentralen Themen, mit denen sich eine Person gerade beschäftigt. In meiner Feng-Shui-Beratungstätigkeit hat sich diese Übereinstimmung immer wieder gezeigt. Erläuterungen zur Bestimmung des jeweiligen Hexagramms finden Sie im vierten Teil des Buches.

Für mich, der ich dem Trigramm Lı zuzuordnen bin (Lı steht für die Himmelsrichtung Süden und das Element Feuer) und der ich in einer Wohnung lebte, die von der Qualität des Nordens bestimmt wurde (Trigramm Kan, Element Wasser) ergab sich das *I-Ging*-Zeichen Nr. 63: »Nach der Vollendung«. Folgende Textstelle aus dem *I Ging* zu diesem Zeichen paßte zu meiner damaligen Situation wie der Schlüssel zum Schloß:

> »Das Wasser ist oberhalb des Feuers:
> das Bild des Zustands nach der Vollendung.
> So bedenkt der Edle das Unglück
> und rüstet sich im voraus dagegen.«

Im weiteren Text zu diesem Hexagramm wird gesagt, daß es sich hier um einen Übergang von einer alten in eine neue Zeit handelt, um den turbulenten Wechsel von einer Lebensphase in die nächste. Das ist herausfordernd, aber auch tröstend und ermutigend zugleich, denn es gibt Energie, sich neuen Abenteuern zu stellen, die auf der weiteren Lebensreise auf einen warten.

Seit meiner Kindheit interessiere ich mich für menschliche Schicksale und Biographien. Es ist mir bewußt, daß in ernsthaften Erkrankungen und anderen, zunächst ungeliebten Herausforderungen des Lebens Chancen zur Reifung und Weiterentwicklung liegen. Sie können in uns eine tiefgreifende Wandlung bewirken und sind somit initiatische Tore: Wasser- und Feuerprüfungen im übertragenen Sinne.
Dieser Prozeß der Wandlung oder Initiation ist in der westlichen Psychologie durchaus bekannt (siehe Teil 2). Es ist ein Prozeß, bei dem der Mensch mehrere Phasen durchläuft, in denen er Erschütterungen, Gefahren und Versuchungen ausgesetzt ist, wobei er aber immer wieder auch erleben darf, daß Unterstützung und hilfreiche Führung ständig präsent sind.

- Meine Freude war groß, als ich auch im *I Ging* diese Phasen der Wandlung und initiatischen Prüfungen entdeckte, und zwar »maßgeschneidert« für jeden der acht Wesenstypen! (Die entsprechenden Initiationswege sind im dritten Teil beschrieben.)

Die Phasen, die durch die Hexagramme des *I Ging* charakterisiert sind, werden in diesem Buch mit Begriffen und anschaulichen Beispielen aus unserer westlichen Kultur verständlich vermittelt; die bildhafte Sprache des alten China habe ich also teilweise für unsere Erlebnissphäre »übersetzt«. Insofern versteht sich dieses Buch als nützliche Hilfe auch für diejenigen, die sich zwar von der Weisheit des *I Ging* und dem Know-how des Feng Shui angezogen fühlen, denen aber die kulturspezifische Terminologie zu »chinesisch«, sprich nur schwer zugänglich erscheint.

• Schließlich zeigte sich, daß das Energiefeld einer Wohnung für ihren Bewohner eine dieser Phasen von Wandlung und Reifung repräsentiert und daß man, während man in ihr wohnt, speziell für diesen Reifungsschritt Unterstützung erfährt. Daher heißt der vierte und letzte Teil »Feng Shui – Die Sänfte des Lebens«. Wer sich dieser Energie und der ihr innewohnenden »Entwicklungshilfe« anvertraut, tut sich – wie Pamina und Tamino in Mozarts *Zauberflöte* – leichter im Durchschreiten initiatischer Tore.

Dieses Buch will Sie, liebe Leserin und lieber Leser, auf Ihrem Weg begleiten und Ihnen Vertrauen in Ihren individuellen Lebensweg, Zuversicht und innere Stärke vermitteln. Wenn Wasser und Feuer sich begegnen, so entsteht eine gewaltige Energie. Wer diese Dynamik zu nutzen weiß, der macht einen großen Satz nach vorne auf der Reise zu sich selbst.

Alle Leserinnen dieses Buches bitte ich um Verständnis dafür, daß aus Gründen der Lesbarkeit an zahlreichen Stellen die allgemeinen maskulinen Personenbezeichnungen verwendet werden – unter Verzicht auf die zusätzliche Nennung der femininen Begriffe, auch wenn Frauen und Männer gleichermaßen angesprochen sind. Umgekehrt sollten sich bei verschiedenen weiblichen Bezeichnungen die Männer nicht ausgeschlossen fühlen.

Teil 1

Der achtfältige Kosmos
—————
Der Weg des Lo-Shu-Helden

Der achtfältige Kosmos

Ein Lotos und acht Rosen

Von jeher ist der Mensch bemüht, den Kosmos nach Maß und Zahl zu gliedern. Eine der Möglichkeiten bieten die Himmelsrichtungen. Schon der Wetterbericht erinnert uns täglich an ihre achtfältige Struktur – Norden, Süden, Osten, Westen sowie Nordosten, Südosten, Südwesten und Nordwesten: »Im Norden Regen, im Süden Sonnenschein, der Wind weht aus Nordwest.«
Obwohl wir uns in unserer modernen Industriegesellschaft dank Heizung, Klimaanlage, künstlichem Licht und Wärmedämmung immer besser vor unliebsamen Witterungsverhältnissen zu schützen verstehen, ist das Interesse am täglichen Wetterbericht ungebrochen. Auch wer nicht – wie etwa ein Bauer – beruflich vom Wetter abhängig ist, freut sich über Sonnenschein, stöhnt über Hitze und macht länger anhaltendes Schlechtwetter schon einmal für seine eventuell gedämpfte Gemütslage verantwortlich.
Der Lauf der Sonne ist mit den Himmelsrichtungen verknüpft, und von der Sonne hängt zu einem guten Teil unser Wohlbefinden in einem Raum ab. Es ist ein Unterschied, ob das Wohnzimmer Morgen- oder Abendsonne hat und zu welchen Himmelsrichtungen man in einer Wohnung oder einem Haus über Türen und Fenster Zugang hat beziehungsweise welche durch Wände oder das Treppenhaus versperrt sind.

Jede Himmelsrichtung hat ihre Qualitäten. Sie mögen uns nicht immer bewußt werden, aber sie wirken.

In fast jeder Kultur bezieht man sich in irgendeiner Form auf die acht Himmelsrichtungen. An vielen Orten der Welt findet man Steinkreise, in denen sie exakt markiert sind. Die Pyramiden sind auf das Grad genau eingepaßt; die Indianer ehren die Qualitäten mit Anrufungen; die Inder benutzen achteckige Feuerstellen für religiöse Riten; und am Fuße der Akropolis von Athen steht ein achteckiger Wasserturm, an dessen Seiten die Windgottheiten dargestellt sind, die die Qualitäten der Himmelsrichtungen repräsentieren.
Auch im Christentum finden sich Beweise für diesen Zugang – die Kathedrale von Chartres ist aus dem Bewußtsein einer Kosmologie von Maß und Zahl heraus gebaut worden. Sie ist wahrscheinlich das bekannteste Beispiel christlich-abendländischer Kosmologie, aber bei weitem nicht das einzige.

Es finden sich überall in Europa achteckige, nach den Himmelsrichtungen ausgerichtete Kirchen wie etwa der Aachener Dom; und auch bei den Gotteshäusern, die den uns vertrauten kreuzförmigen Grundriß haben, weist in der Regel der Altar nach Osten, während der Eingang im Westen ist.

Die in China zur Blüte gereifte Kunst des Feng Shui basiert auf einem enorm tiefen Wissen um die Qualitäten der Himmelsrichtungen.

Das Bewußtsein, daß der Mensch eingebettet ist in einen Kosmos, der alles andere als chaotisch ist, der eine Ordnung hat, auf die wir uns verlassen und derer wir uns bedienen können, ist dem Menschen der westlichen Welt in den letzten zwei Jahrhunderten immer mehr verlorengegangen. Dank der globalen Vernetzung, die uns die anderen Kulturen nahebringt, werden wir wieder darauf gestoßen.

Die *Lotosblüte*, die vom Grunde eines Teiches hochwächst und sich auf der Wasseroberfläche entfaltet, ist ein schönes und in *Asien* hochgeschätztes Symbol für diese kosmische Ordnung.
Der Moment, in dem die Blume, die ihr bisheriges Leben im alles umfangenden Element des Wassers verbrachte, die Wasseroberfläche durchstößt, unmittelbar mit Licht, Luft und Sonne in Berührung gelangt und sich dieser, aus ihrer Sicht überirdischen Welt öffnet, wird als Symbol für *Erleuchtung und Erwachen im kosmischen Bewußtsein* verstanden.

Im *Abendland* hingegen ist die *Rose* die am meisten verehrte Blume. Auch sie ist wunderschön, ihre Blüte ist noch vielfältiger als die des Lotos, aber sie braucht festen Boden und hat Dornen.

Die Rose steht für den Weg der *Individuation*. Anders als in den asiatischen Kulturen, in deren Wertschätzung der Gemeinschaft und dem Kollektiv der Vorzug gegeben wird, rückte in den westlichen Ländern die Entfaltung und die Selbstbestimmung des Individuums ins Zentrum der Ideologien. Die Psychologie des Westens hat diesen Prozeß der Selbstwerdung beschrieben und ein reichhaltiges Instrumentarium geschaffen, mit dessen Hilfe sie die Menschen auf ihrem teils dornenreichen Weg der Individuation begleitet.

Die Dornen entsprechen den Krisen, die man auf seinem Lebensweg durchläuft. Sie sind zwar unwillkommen, aber doch wertvoll, denn jede von ihnen ist wie die Initialzündung einer Raketenstufe, die es uns ermöglicht, in eine weitere uns wieder tragende Umlaufbahn einzuschwenken, die Teil der kosmischen Ordnung ist.

Krisen sind »kleine«, unbewußt ablaufende *Initiationen*, die das Potential der »großen« – d. h. der Erleuchtung – in sich tragen und die immer auf das Erblühen ausgerichtet sind. Unsere Individualität erblüht nicht abseits der großen Menge oder gar auf deren Kosten, sondern *in* ihr wie in einem Meer von Blumen, in dem jede in ihrer Eigenheit und Schönheit den ihr gemäßen Platz hat und ihren Beitrag für das Große, Ganze leistet.

Ursache und Verlauf von individuellen Krisen wurden in der abendländischen Kultur intensiv erforscht. Die Tiefenpsychologie hat den Wert dieser Krisen für die weitere Entwicklung erkannt und beschrieben (beispielsweise die Tiefenpsychologie von C. G. Jung, die Logotherapie von Viktor Frankl, die Initiatische Therapie von Karlfried Graf Dürckheim und Maria Hippius).

Meine schon in der Einleitung erwähnten Entdeckungen können auch folgendermaßen zusammengefaßt werden:
- Schon im *I Ging* des alten China – dem *Buch der Wandlungen* – ist in bislang noch nicht erkannter Form ein gesetzmäßiger, phasenförmiger Ablauf von Individuationsprozessen zu finden, der nicht nur die der westlichen Psychologie bekannten Ergebnisse stützt, sondern sie sogar noch präzisiert.
- Jede Wohnung unterstützt mit dem ihr eigenen Energiefeld, das mit den Methoden von Feng Shui diagnostiziert werden kann, in einer bestimmten Weise diesen Individuationsprozeß jeder Person, die in ihr wohnt.

Die Qualitäten der acht Himmelsrichtungen, wie sie im *I Ging* an Hand der Trigramme niedergelegt sind, beschreiben acht menschliche Wesenstypen. In jeder Person ist einer von ihnen dominant. Der Kosmos hält also für jeden Menschen einen wesenstypischen Individuationsweg bereit, der das Ziel hat, die Persönlichkeit in ihrem vollen Potential zum Erblühen zu bringen.

So ist in diesem Werk westliches Wissen um Individuation und Initiation mit östlicher Anschauung (*I Ging,* Feng Shui) eng verwoben: Acht Rosen und ein Lotos – die Wege sind verschieden, aber das Ziel ist letztlich dasselbe. Im Garten des globalen Dorfes finden sie zueinander, umarmen sich wie liebende Geschwister und teilen miteinander die Erfahrung des All-eins-Seins.

> »Ich erfuhr die transzendente Wirklichkeit. Eine ungeheure Freude überkam mich angesichts dieser Wirklichkeit, die alle augenblicklichen Mißlichkeiten als vergänglich erscheinen ließ. Ich erfuhr mein Selbst als Teil des großen Ganzen.« (Arnold Keyserling: *Von der Schule der Weisheit zur Weisheit des Rades*)

Das I Ging

Ein grundlegendes Werk, das uns Einblick in die östliche Sicht des achtfältigen Kosmos gibt, ist das *I Ging*. Es ist ein Weisheitsbuch, das sich in China über drei Jahrtausende hin entwickelt hat. Es wird auch *Das Buch der Wandlungen* genannt und beruht auf der Erkenntnis, daß alles im Kosmos – auch der Mensch – dem Wandel unterworfen ist, der – paradoxerweise – das einzig Beständige zu sein scheint. Das *I Ging* handelt von den Gesetzmäßigkeiten, nach denen die Wandlungsprozesse ablaufen. Damit gibt es uns Menschen Orientierung in einer Welt der ständigen Veränderung, die besonders denen Mühe macht, die an dem, was ist oder war, krampfhaft festzuhalten versuchen. Sie neigen dazu, die scheinbar gute, alte Zeit zu vergöttern, vermögen an der Gegenwart nur Negatives zu erkennen und sehen schwarz für die Zukunft. Das ist, als wäre jemand blind für die malerische Stimmung einer Landschaft im Abendrot, weil er noch der Morgendämmerung nachtrauert.

Die Weisheit des *I Ging* gründet sich auf die Beobachtung der Erscheinungen der Natur und auf die Kenntnis der Zyklen, nach denen sich das Leben auf unserem Planeten entfaltet.

Beispielsweise heißt es im Text zum Hexagramm Nr. 5, Sü – »Das Warten«:
»Wolken steigen am Himmel auf: das Bild des Wartens.
So ißt und trinkt der Edle und ist heiter und guter Dinge.«
»Das Zeichen zeigt die Wolken am Himmel, die Regen spenden, der alles Gewächs erfreut und den Menschen mit Speise und Trank versieht. Dieser Regen wird kommen zu seiner Zeit. Man kann ihn nicht erzwingen, sondern muß darauf warten.« (*I Ging – Das Buch der Wandlungen*, übersetzt von Richard Wilhelm)

Der Text rät in diesem Fall, Geduld zu haben und sich nicht zu grämen, wenn der Erfolg sich nicht so schnell einstellen will wie erhofft.

Das *I Ging* kündet von dem Wissen, daß auch menschliches Schicksal den Gesetzmäßigkeiten der Natur und der ihnen innewohnenden Dynamik gehorcht. Mit Gehorchen ist jedoch nicht ein fatalistisches Sich-Unterwerfen gemeint, sondern ein Verhalten im Sinne von Horchen und Lauschen, um die ureigene und vielleicht schon entschwunden geglaubte Lebensmelodie wieder wahrnehmen zu können und sich dann bewußt und organisch nach Harmonie, Rhythmus und Dynamik in die große kosmische Symphonie einzufügen.

Das Buch der Wandlungen ist demnach noch ein Zweites: Ein »Hörrohr«, ein Instrument der Wahrnehmung in Situationen, in denen man die Orientierung verloren hat, in denen man glaubt, die Musik des Lebens spielte, ohne daß man daran teilhätte. Das *I Ging* klärt auf, erhellt die Lage und gibt Empfehlungen*. Es kann sein, daß es rät, die Initiative zu ergreifen, nicht länger zu zaudern und voranzuschreiten; es kann aber auch zur Zurückhaltung und zur kritischen Selbsterforschung mahnen. Es vermag zu trösten, falls man verzweifelt ist, weil man sich erfolglos wähnt; und es hilft, geduldig auf seinen Einsatz, seine Chance zu warten – der rechte Augenblick wird noch kommen.

Die Erhellung der Lage durch eine Befragung des *I Ging* stellt eine Momentaufnahme dar. Die Empfehlung hat nur eine zeitlich begrenzte Gültigkeit, denn alles Geschehen ist ja immer in Bewegung. Wenn ich den Rat des *I Ging* zu spät befolge, ist der Akkord, in den mein Ton sich eingefügt hätte, schon verklungen. Doch das Versäumnis muß nicht weiter tragisch sein; der Kosmos ist nicht nachtragend, er antwortet mir erneut auf meine Frage, das *I Ging* – für mich ein Hörrohr – ist für ihn ein Sprachrohr.

Im *I Ging* steht: »Die heiligen Weisen vor alters machten das Buch der Wandlungen also: Um in geheimnisvoller Weise den lichten Göttern [dem Kosmos] zu helfen [mit uns in Verbindung zu treten, damit wir den Sinn der Lage verstehen], erfanden sie das Schafgarbenorakel. ... Sie brachten sich in Übereinstimmung mit SINN und LEBEN und stellten demgemäß die Ordnung des Rechten auf. Indem sie die Ordnung der Außenwelt bis zu Ende durchdachten und das Gesetz des eignen Innern bis zum tiefsten Kern verfolgten, gelangten sie bis zum Verständnis des Schicksals.« (Seite 244)**

Die Dynamik, die jedem Wandlungsgeschehen zugrunde liegt, ist die Pendelbewegung zwischen Yin und Yang. *Yin* ist das Runde, Raumgebende, Dunkle – der weibliche Aspekt des Kosmischen. *Yang* das Gerade, Zeitliche, Helle – der männliche Aspekt des Kosmischen. So gegensätzlich sie auch erscheinen, so sind sie doch nur zwei polare Wirkweisen eines gemeinsamen großen Ganzen, dem sie entstammen: dem »Tai Chi, in der menschlichen Erfahrung das Erlebnis der vollkommenen Harmonie mit dem Weltall« (Franciscus Adrian: *Die Schule des I Ging – Die Praxis*).

* Im Anhang dieses Buches wird erklärt, auf welche Weise man das *I Ging* zu einer Situation befragen kann (Kapitel: »Die Befragung des I Ging«).
** Zitate, denen im weiteren keine Quellenangabe beigefügt ist, sind dem *I Ging – Buch der Wandlungen* in der Übersetzung von Richard Wilhelm entnommen.

Beide – Yin und Yang – bedingen einander, können nicht unabhängig voneinander existieren. In jedem ist das andere bereits enthalten.

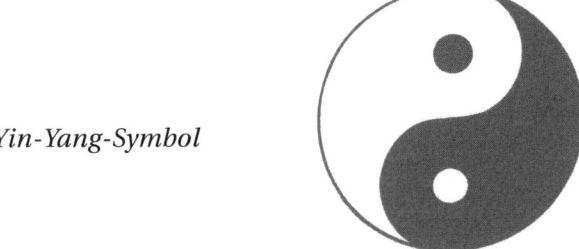

Yin-Yang-Symbol

Im *I Ging* wird Yin durch eine unterbrochene Linie dargestellt, die das Weiche, »Schwache« und Runde symbolisiert, und Yang mittels einer geraden Linie, das Harte und »Starke« bezeichnend.

— — Yin   ——— Yang

Jede Veränderungsbewegung ist eine Bewegung zwischen Yin und Yang. In der Biographie jedes einzelnen wechseln yin- und yangbetonte Lebensphasen einander ab; der Entwicklung der Gesellschaft liegt diese Dynamik ebenfalls zugrunde und den Zyklen der Natur ohnehin. Tag und Nacht, Sommer und Winter, Vollmond und Neumond sind nur drei Beispiele dafür.

Das *I Ging* besteht aus den Texten zu 64 *Hexagrammen*. Jedes Hexagramm setzt sich aus zwei sogenannten *Trigrammen* zusammen. Diese Trigramme sind die eigentlichen »Bausteine« des *I Ging*.
Unter einem Trigramm versteht man eine Einheit von drei Linien, von denen die oberste den Himmel, die mittlere den Menschen und die unterste die Erde vertritt. Für jeden Bereich kann eine Yin- oder eine Yang-Linie stehen:

Für den Himmel ist Yang das Lichte und Yin das Dunkle,
für den Menschen ist Yang die Gerechtigkeit und Yin die Liebe,
auf der Erde ist Yang das Feste und Yin das Weiche.
(*I Ging*, Seite 245)

Es gibt acht mögliche Kombinationen von Yin und Yang auf diesen drei Plätzen. Die Trigramme entsprechen inhaltlich unter anderem den Qualitäten, die den acht Himmelsrichtungen zugeschrieben werden.

Himmelsrichtung	Abkürzung	Trigramm	Name des Trigramms
Osten	O	☳	DSCHEN
Südosten	SO	☴	SUN
Süden	S	☲	LI
Südwesten	SW	☷	KUN
Westen	W	☱	DUI
Nordwesten	NW	☰	KIËN
Norden	N	☵	KAN
Nordosten	NO	☶	GEN

Diese acht Trigramme stehen für die Gesamtheit des achtfältigen Kosmos, wie er sich im *I Ging* vor den Augen unseres Geistes entfaltet. Die Namen der Trigramme sind Chiffren für die Bausteine und Wirkkräfte der uns erfahrbaren Welt, für die ihr immanenten Gesetze, für die Zyklen der Natur, für die Ordnung der Familie, für die Lebensphasen in der Biographie des Menschen und vieles mehr. Die Bedeutungstiefe und Vielschichtigkeit läßt sich aus der Tabelle auf den Seiten 24–25 erahnen (»Die zahlreichen Bedeutungsebenen der Trigramme«).

Es gibt vielerlei Möglichkeiten, die Trigramme aufzulisten: nach Himmelsrichtung, Jahreszeit, »Familienstruktur«, Anatomie des Körpers etc. Die zugehörigen Bedeutungsebenen werden in den folgenden Kapiteln näher erläutert.

In der doppelseitigen Tabelle sind die Trigramme nach dem Zyklus der *Jahreszeiten* geordnet, wobei – der chinesischen Tradition folgend – der Frühling als Beginn des Jahreszeitenzyklus gewählt wurde. Diese Reihenfolge ist identisch mit derjenigen der *Himmelsrichtungen* (Beginn im Osten mit DSCHEN). Die folgende kompaßartige Darstellung macht dies noch deutlicher:

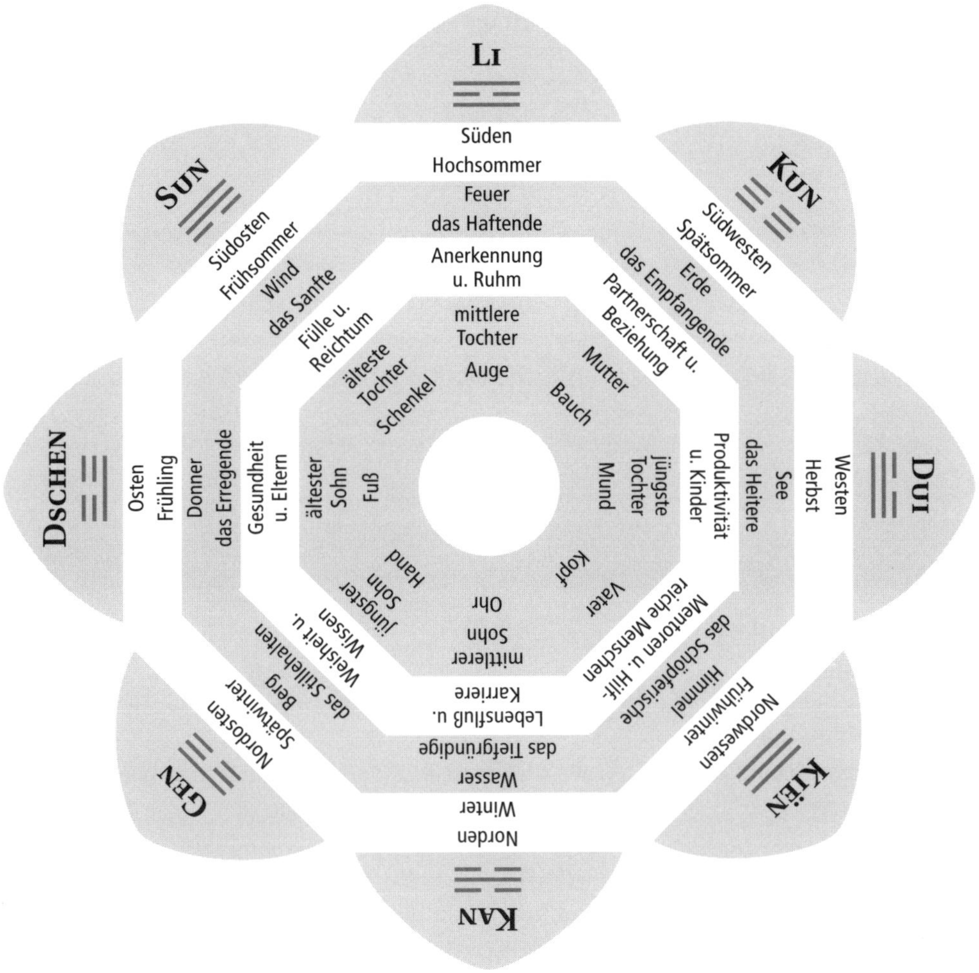

LI

Süden
Hochsommer
Feuer
das Haftende
Anerkennung
u. Ruhm
mittlere Tochter
Auge

SUN

Südosten
Frühsommer
Wind
das Sanfte
Fülle u. Reichtum
älteste Tochter
Schenkel

KUN

Südwesten
Spätsommer
Erde
das Empfangende
Partnerschaft u. Beziehung
Mutter
Bauch

DSCHEN

Osten
Frühling
Donner
das Erregende
Gesundheit u. Eltern
ältester Sohn
Fuß

DUI

Westen
Herbst
See
das Heitere
Produktivität u. Kinder
jüngste Tochter
Mund

GÊN

Nordosten
Spätwinter
Berg
das Stillehalten
Weisheit u. Wissen
jüngster Sohn
Hand

KAN

Norden
Winter
Wasser
das Tiefgründige
Lebensfluß u. Karriere
mittlerer Sohn
Ohr

KIEN

Nordwesten
Frühwinter
Himmel
das Schöpferische
Mentoren u. Hilf. reiche Menschen
Vater
Kopf

Es entgeht dem Leser nicht, daß in dieser Abbildung entgegen unserer Gewohnheit der Süden oben und der Norden unten steht. Dies ergibt sich aus der chinesischen Sichtweise: Oben ist das Lichte, das Feuer, der Sommer – unten ist das Dunkle, das Wasser, der Winter.

Die zahlreichen Bedeutungsebenen der Trigramme

Trigramm	DSCHEN	SUN	LI
Zeichen			
Himmelsrichtung	Osten	Südosten	Süden
Jahreszeit	Frühling	Frühsommer	Hochsommer
»Bild«	Donner	Wind	Feuer
Eigenschaft	das Erregende	das Sanfte, die Wiese	das Haftende, das Denken
Entwicklungsprinzip (»Element«)	Yang-Holz (in Relation zu SUN)	Yin-Holz (in Relation zu DSCHEN)	Feuer
Lebensbereich (im Bagua)	Gesundheit u. Eltern	Fülle u. Reichtum	Anerkennung u. Ruhm
»Familienmitglied«	ältester Sohn	älteste Tochter	mittlere Tochter
Körperteil	Fuß	Schenkel	Auge
Wesenstyp	der Erneuerer	die auf stille Weise Zielstrebige	der Lichtbringer
Hexagramm-Nr.	51	57	30

KUN	DUI	KIËN	KAN	GEN
☷	☱	☰	☵	☶
Südwesten	Westen	Nordwesten	Norden	Nordosten
Spätsommer	Herbst	Frühwinter	Winter	Spätwinter
Erde	See	Himmel	Wasser	Berg
das Empfangende	das Heitere	das Schöpferische	das Tiefgründige	das Stillehalten, das Innehalten
Yin-Erde (in Relation zu GEN)	Yin-Metall (in Relation zu KIËN)	Yang-Metall (in Relation zu DUI)	Wasser	Yang-Erde (in Relation zu KUN)
Partnerschaft u. Beziehung	Produktivität u. Kinder	Mentoren u. Hilfreiche Menschen	Lebensfluß u. Karriere	Weisheit u. Wissen
Mutter	jüngste Tochter	Vater	mittlerer Sohn	jüngster Sohn
Bauch	Mund	Kopf	Ohr	Hand
die Erdmutter	die Moderatorin	der Himmelsstürmer, der Unternehmer	die Seelenführerin	die Buddha-Natur
2	58	1	29	52

Ost-West-Transfer

Die unterschiedlichen Bedeutungsebenen der Trigramme erscheinen dem im westlichen Denken geschulten Leser zunächst wie ohne Sinnzusammenhang. Sie lassen sich nur verstehen, wenn man sich konsequent einer gleichnishaften Betrachtungweise bedient.

Für die logisch-analytischen Denkoperationen – von Neurophysiologen in der linken Gehirnhälfte lokalisiert – ist dies verwirrend. Die Sprache der Chinesen ist aber eine Bildersprache, was sich schon in den Schriftzeichen zeigt. Diese gleichnishaft-analoge Betrachtungsweise ist die Domäne der rechten Gehirnhälfte. In den Intelligenztests des Westens wird das analoge Denken geprüft mit Fragen wie: »Baum verhält sich zu Apfel wie Mutter zu: Schwester, Nichte, Kind oder Cousine?« – Diese Begabung der rechten Gehirnhälfte ist in Europa im letzten Jahrhundert leider nicht in dem Maße gefördert worden wie die logisch-analytischen Fähigkeiten der linken.

Wenn in den folgenden Kapiteln versucht wird, dem Leser die Trigramme nahezubringen, so geschieht auch dies unter Verwendung von Gleichnissen, Analogien und Stimmungsbildern. Ist erst einmal das Potential der rechten Gehirnhälfte aktiviert, so taucht eine Art unmittelbaren, ganzheitlichen Verstehens auf, die der Kosmologie des *I Ging* gerecht wird.

Das *I Ging* hat auf der ganzen Welt eine Fülle von Interpretationen erfahren. Das vorliegende Buch bedient sich der Übersetzung von Richard Wilhelm, die – von ihm mit Kommentaren versehen – ein Klassiker geworden ist, was eine Vielzahl von Auflagen beweist.
Richard Wilhelm (1873–1930) war ein »Doppelagent« im besten Sinne. Als Missionar ging er nach China, als Übermittler und Lehrer chinesischer Weisheit kam er zurück. (Zur Biographie von Richard Wilhelm siehe Franciscus Adrian: *Die Schule des I Ging – Hintergrundwissen.*)

Es lohnt sich, beim Lesen gleichzeitig Wilhelms Buch zur Hand zu haben und – angeregt durch die hier aufgeführten Entdeckungen – im »Urtext« immer wieder einmal nachzulesen.

Trotz der Genialität von Richard Wilhelms Leistung bleibt dem westlichen Leser vieles fremd und unverständlich – ja muß es bleiben, denn die Bildwelt der chinesischen Denk- und Ausdrucksweise ist uns nur schwer zugänglich. Man kann dankbar dafür sein, daß so viele Denker aus unserer westlichen Kultur der Faszination, die vom *Buch der Wandlungen* ausgeht, erlegen sind und sich bemühen, uns das *I Ging* in der ihnen eigenen Ausdrucksweise nahezubringen.

Zwei Autoren aus dem deutschen Sprachraum sollen besonders erwähnt werden: Der Religionsphilosoph Arnold Keyserling wußte in mehreren seiner Bücher das *I Ging* unseren westlichen Denkschemata einzugliedern; der Pädagoge Franciscus Adrian übertrug die chinesische Bildwelt in unsere Begrifflichkeit und machte sie so in seinen zwei Bänden unmittelbar verstehbar. Diese Arbeit ist auch deswegen notwendig, da die chinesische Kultur hierarchisch streng gegliedert und sehr patriarchalisch war. Das schlägt sich in der Sprache von Richard Wilhelm nieder, der sich sehr bewußt um eine originalgetreue Übersetzung bemüht hat. Bei den Lesern – und besonders den Leserinnen – des westlichen Kulturkreises, die Emanzipation und den Abbau von Hierarchien schätzen, lösen seine Formulierungen oft Befremden, wenn nicht sogar Ablehnung aus.

Ein zeitgemäßer Transfer der Aussagen des *I Ging* und sprachliche Neuformulierungen sind im kulturellen Kontext des Europas der Jahrtausendwende somit unumgänglich. Dem tiefen Bedeutungsgehalt, der in den Trigrammen und Hexagrammen steckt, tut dies keinen Abbruch – im Gegenteil: Es wird dadurch um so klarer, welch zeitlose und alle Kulturen umspannende Gültigkeit dieser Kosmologie zu eigen ist.

Für die deutsche Schreibweise der Trigramme und Hexagramme wird in diesem Buch die Transkription von Richard Wilhelm übernommen. Sie unterscheidet sich etwas von der in der Feng-Shui-Literatur weit verbreiteten Wade-Giles-Transkription. In den letzten Jahren wird in zunehmendem Maße die Pinyin-Lautschrift verwendet.

Die unterschiedlichen Schreibweisen für die acht Trigramme seien hier untereinander aufgeführt:

	☳	☴	☲	☷	☱	☰	☵	☶
Wilhelm	Dschen	Sun	Li	Kun	Dui	Kiën	Kan	Gen
Wade-Giles	Chen	Sun	Li	Kun	Tui	Chien	Kan	Ken
Pinyin	Zhen	Sun	Li	Kun	Dui	Qian	Kan	Gen

Die Trigramme im Jahreskreis

Alle im *I Ging* und Feng Shui formulierten Lebensprinzipien sind dem Wirken der Natur abgelauscht. Die Analogie zum Zyklus der Jahreszeiten ist besonders wertvoll und erhellend.

In der folgenden Darstellung wurde bewußt darauf verzichtet, die Jahreszeiten auf den Tag oder die Woche genau datieren zu wollen. In Nordchina – an der Grenze zur Mongolei – tritt der Frühling zu einer anderen Zeit ein als in Taiwan, und an der Nordsee sind die Wintermonate länger als in der Toskana. Entscheidend sind die Auswirkungen der Jahreszeiten auf den Menschen.

DSCHEN: Frühling – Donner – Osten

Nach den langen, kalten Wintermonaten bricht der Frühling mit Macht aus, seine Dynamik ist nicht zu bremsen: Die ersten Blumen warten nicht, bis die letzten Schneereste hinweggeschmolzen sind, und die Obstbäume entfalten ihre Blütenpracht, noch bevor sich das Grün der Blätter zeigt. Der April ist für sein wechselhaftes Wetter berühmt, das – gerade nachdem man die Sommerkleider wieder hervorgeholt hat – es nochmals schneien und hageln läßt und einen immer wieder mit Gewittern überrascht. Doch danach ist jedesmal die Luft frischer, und der Wintermief entweicht aus der letzten, hintersten Stube.

Ein neuer Jahreszyklus beginnt. Diese »Natur-Wissenschaft« hält sich nicht an den Gregorianischen Kalender (Jahresbeginn am 1. Januar), der – zeitgeschichtlich ziemlich spät und willkürlich gesetzt – die organischen Rhythmen der Natur negiert.

Das Ausbrechen des Frühlings wirkt belebend und inspirierend. Die Gemüter erheitern sich, und die Triebe regen sich nicht nur bei den Pflanzen. Das frische Grün sprießt und überrascht mit seiner Vielfalt: So viele Nuancen von hellem Grün gibt es in der Natur nur für kurze Zeit! Fast kann man das

Gras wachsen sehen und beobachten, wie sich die Blumenknospen öffnen. Das »schnell wachsende Holz« ist ebenfalls eine der Bedeutungen von DSCHEN. Babys, die in dieser Zeit auf die Welt kommen, sind nach der westlichen Astrologie Widdergeborene, die sich als Persönlichkeit gut durchzusetzen wissen.

DSCHEN, der Donner, kommt ebenfalls nicht auf leisen Sohlen, ist aber belebend und erneuernd; nach einem Gewitter ist die Luft wieder klar und rein. Mit dem Frühling kommen die – wie unter einer Decke gehaltenen – Energien wieder zum Vorschein. Ideen werden geboren, Projekte geschmiedet, man ist begeisterungsfähig und krempelt die Ärmel auf, um Neues in Angriff zu nehmen.

Der Donner ist ehrfurchtgebietend. In vielen Kulturen wird er als Äußerung der Götter angesehen. Zeus hatte stets den Donnerkeil in seiner Hand. Der Donner – in der Musik symbolisiert durch Pauken, Trompeten und Trommelwirbel – kündigt das Nahen einer übermenschlichen Erscheinung an.

Die Altäre fast aller älteren christlichen Kirchen liegen im Osten, somit ist die Gemeinde beim Gottesdienst dem Osten zugewandt. Darin drückt sich indirekt die Hoffnung aus, daß die menschliche Seele durch Gott inspiriert, erneuert und geläutert werde.

Der »Palast« des obersten Häuptlings im afrikanischen Busch liegt stets am östlichen Rand einer Siedlung, damit die Morgensonne hinter ihm aufgehe. Dem Anthropologen und Managementberater Martin Page fiel es auf, daß große Konzerne unserer »aufgeklärten« westlichen Industriegesellschaft es häufig genauso handhaben: Die Direktionsgebäude, in denen Vorstände und Manager samt ihrem Gefolge untergebracht sind, liegen oft am östlichen Rand des Firmengeländes und überragen die einfachen »Hütten«, in denen das Volk seiner Arbeit nachgeht. Damit haben die hohen Herren den Status von gottgesandten, ehrfurchtheischenden, wenn nicht sogar anbetungswürdigen Lenkern der irdischen Geschicke (Martin Page: *Managen wie die Wilden*).

Sᴜɴ: Frühsommer – Wind – Südosten

Im Zeichen des Sᴜɴ werden die Tage nun verläßlich warm. Jetzt blühen die Kastanien und der Flieder, und auch die Bergwiesen sind schon grün. Die Natur zeigt sich in all ihrer Üppigkeit und Fülle. Cafés und Restaurants haben die Tische ins Freie gestellt, die langen und hellen Abende laden zu Gartenfesten ein, das Wetter ist mild, die Winde sanft – ein angenehm laues Lüftchen streichelt die Wangen. Sᴜɴ wird auch als »das Sanfte« und »die Wiese« bezeichnet. Alle Sinne öffnen sich – man schnuppert die Luft, lauscht den Erzählungen der Natur: dem Murmeln des Baches, dem Rauschen der Wälder – man vergißt leicht die Zeit und ist gar nicht so böse darüber. Ärger kann einem jetzt nicht viel anhaben. »Schwamm drüber«, »fünfe gerade sein lassen«: So schnell läßt man sich die schöne Zeit nicht vermiesen; und wenn, dann ist man bald wieder abgelenkt und getröstet.

Die im Frühling zündenden Ideen für Projekte werden nun weitergesponnen, Pläne reifen, Ziele werden formuliert. Mit Bedacht wird abgewogen, was sich realisieren läßt, was es zu berücksichtigen gilt, welche Probleme auftauchen könnten und mit welchen Widerständen man rechnen muß. Strategien werden entworfen und Varianten derselben. Das Sprießen in der Natur und die Kreativität des Menschen gehen Hand in Hand.

Lɪ: Hochsommer – Feuer – Süden

Sonnwendfeuer erhellen die kürzeste Nacht des Jahres. Es wird heiß. Man legt sich zum Bräunen in die Sonne, danach sucht man den Schatten zum Abkühlen oder flüchtet sich ins Wasser. Die Früchte der Natur nehmen schon Gestalt an, und der Bauer wagt erste Prognosen bezüglich seiner Ernte.

Die Projekte kommen voran. Neue Produkte entwickeln sich, Prototypen laufen; man erkennt, was richtig und was falsch ist. Die Mitmenschen reagieren auf die Pläne, bewerten sie, die ersten Urteile werden gefällt; Anerkennung, aber auch Kritik wird laut. Der Wert eines Produktes, eines Plans zeigt sich erst an der Reaktion der anderen. Man muß Stellung beziehen, begründen, vielleicht verteidigen und ist gut beraten, wenn man in der Kritik die Anregung zur Verbesserung sieht.

»Wo viel Licht ist, ist viel Schatten« – In der Sonne werden Stärken und Schwächen deutlich sichtbar. »Nobody is perfect«: Schwächen zu haben und sie zuzugeben, macht uns anderen sympathisch. Unausstehlich ist jedoch, wer meint, perfekt sein zu müssen.

KUN: Spätsommer – Erde – Südwesten

Mitte August ändert sich die Stimmung in der Natur. Das Licht ist nicht mehr so intensiv, die Abendsonne taucht schon früher die Landschaft in die Farben von Gelb, Orange und Rot. Die Erde dampft, die Natur riecht nach Erde, erste Nebelschwaden ziehen übers Feld – Altweibersommer!
Die Tage werden nun merklich kühler und kürzer – die Früchte werden reif und müssen/dürfen geerntet werden. Man verwertet sie für sich oder bringt sie auf den Markt.
Was sollen Früchte, die keiner ißt, was sollen Produkte, die niemandem dienen? Was für mich sinnvoll ist, muß für andere nützlich sein! KUN repräsentiert den dienenden, nährenden Aspekt.

KUN ist aber auch tröstend – denn selbst Mißerfolge haben ihren Wert; die Erfahrungen sind wertvoll, werden zum Nährboden für Künftiges. Früchte der Natur, für die kein Bedarf ist, werden kompostiert, sind Dung und Humus für das nächste Jahr.

Dui: Herbst – See – Westen

Diese Zeit wird vom Erntedankfest eingeleitet. Die Hauptarbeit des Jahres ist getan. Seine Produkte/Früchte vergleicht man mit anderen, man tauscht Erfahrungen aus.

Es ist die Zeit der Kongresse, Messen und Tagungen. Die Wissenschaftler kommen aus ihren Labors hervorgekrochen, treffen sich, diskutieren die Ergebnisse ihrer Forschungen. Beziehungen werden gepflegt, formell und informell – man hat und nimmt sich die Zeit dazu. Dann wird gefeiert, gelacht und getanzt (Dui wird auch »das Heitere« genannt). Man freut sich über das Geleistete und Gelernte.

Im Mai hat man sich verliebt, den Sommer über sich ständig in die Augen gesehen, aber jetzt wird die Ehe beschlossen, das Aufgebot bestellt oder zumindest Verlobung gefeiert. Und die nun anbrechenden langen, dunklen Abende mit romantischem Kerzenlicht kommen gerade recht.

Kiën: Frühwinter – Himmel – Nordwesten

Novembernebel legen sich aufs Gemüt. Es wird kalt. Allerheiligen, Allerseelen und Totensonntag läuten eine Zeit der Prüfung, Besinnung und Selbstprüfung ein. Dem Himmel entgeht nichts, »der liebe Gott sieht alles«: Was war rechtens, was nicht?

Wenn die Produkte nichts taugen, den Preis nicht wert sind, so hat man Reklamationen zu erwarten, eventuell Prozesse zu führen. Bilanzen werden gezogen – materiell wie auch immateriell.

Kann man das, was man getan hat, vor seinem Gewissen verantworten? Die langen Abende bieten sich zum Nachdenken an, das naßkalte Wetter lockt ohnehin nicht zum Ausgehen.

Der Bauer pflügt und sät fürs neue Jahr. In den Firmen werden weitreichende Entscheidungen getroffen und Investitionen getätigt. Und die Eltern freuen sich über die Botschaft, daß sie im nächsten Jahr Großeltern werden.

KAN: Winter – Wasser – Norden

Der erste Schnee fällt, Weihnachten steht vor der Tür. Bei betrieblichen Weihnachtsfeiern werden hehre Worte gesprochen. Man spürt genau, ob sie ehrlich gemeint oder gelogen sind. Kriegsbeile werden begraben, zumindest einigt man sich auf Waffenstillstand.
In der Tiefe der Seele wird irgend etwas berührt – trotz Konsumzwang und Vermarktungskitsch. Man überlegt, womit man seinen Lieben eine Freude bereiten kann, lädt Verwandte ein, sucht die Geborgenheit der Familie, ist ganz privat.

Wasser hat Tiefe – es ist das Symbol für die Welt der Seele. Das mit Christi Geburt neugeborene Licht erinnert die Seele daran, daß sie keine Angst zu haben braucht (bei sogenannten »heidnischen« Bräuchen hat die Wintersonnenwende eine ähnliche Bedeutung). Sich dem Wasser hinzugeben heißt Urvertrauen zu haben, zu erleben, daß man getragen wird. Wer sich ängstigt, verschließt sich, grenzt sich ab. Abgrenzung fördert Feindschaft.
Die Erde ist ein »Wasserplanet«. Der menschliche Körper besteht zu über 80 % aus Wasser. Wasser verbindet. In der Sprache der Seele heißt das, daß alles mit allem und jeder mit jedem verbunden ist. Deswegen soll man sich aussöhnen, nicht befeinden, sich öffnen, nicht verschließen. »Heil« zu sein heißt: offen zu sein für das All, den Kosmos, Gott oder wie man die große, für den Verstand nicht faßbare Instanz auch immer nennen mag. »Profan« bedeutet, sich abgeschieden zu haben. Der »Heiland« erinnert daran, daß man auf die erlösende Kraft der Liebe bauen kann.

Schöne Worte – aber wir trauen diesen Worten nicht! Dazu gibt es zu viele finstere Gestalten auf dieser Erde und in uns selbst. Aber auch sie müssen angenommen werden. Lange bevor die Psychologie von den Schattenfiguren in der eigenen Seele gesprochen hat, haben die Riten des Faschings ihnen ein Ventil geschaffen. Da werden Dämonen, Hexen, Scharlatane und Räuber hoffähig, dürfen sich zeigen und mit Medizinmännern und Engeln einen Reigen tanzen.

Nicht nur zwei – ein ganzes Heer von »Seelen« wohnt – ach – in jeder Brust. Für ein paar Wochen dürfen sie leben – sie werden sogar geliebt und gefeiert und verlieren so ihre negative Kraft. Diese Katharsis der Seele gehört zu Kan wie das Verkünden der Weihnachtsbotschaft, denn beide bewirken dasselbe: Die Macht der Liebe befreit von Angst, und die Schrecken der nur eingebildeten, weil selbstgeschaffenen Höllen platzen wie Seifenblasen.

Gen: Spätwinter – Berg – Nordosten

Der Spätwinter repräsentiert die Zeit zwischen Fasching und Ostern. Der Fastnacht folgt die Fastenzeit. Ruhe kehrt ein. Draußen ist es noch immer kalt, der Schnee ist schon dreckig und harschig. Die eigenen dunklen Gestalten sind fürs erste befriedet, man kann mit klarem Kopf und erleichterter Seele in sich gehen.

Viele verringern jetzt ihre Pfunde. Meditationshäuser bieten Einkehrtage an; sie sind gut gebucht. Die Illustrierten wetteifern mit neuen Schlankheitsrezepten, und in kirchlich orientierten Kreisen verzichtet man bewußt auf bestimmte Genußmittel. Die Unverbesserlichen retten sich mit Starkbier über diese Wochen. Der im Hexagramm Nr. 52, Gen – »Das Stillehalten«, empfohlene körperliche Zustand wird zwar auch so erreicht – »Stillehalten, so daß er seinen Leib nicht mehr empfindet« –, die Qualität dieser Ruhigstellung dürfte jedoch eine andere sein. Nicht bleierner Tiefschlaf, sondern Kontemplation, die rechte Versenkung, ist der Zeit von Gen angemessen. Jetzt blickt man auf einen Jahreszyklus zurück, alle Erlebnisse sacken in die Tiefe und verdichten sich zu dem, was man »Erfahrungsschatz« nennt – so wie unter der Schneedecke der neue Samen keimt, in dem die Erfahrungen der bisherigen Jahre gespeichert sind.

Wenn dann der Frühling Einzug hält, kehren sich die Kräfte wieder nach außen, und man ist freudig bereit, einen neuen Zyklus zu beginnen.

Die Trigramme und die acht Lebensbereiche im Feng Shui

Die zweite, dem Verständnis der Trigramme dienliche Assoziationskette liefern die Lebensbereiche, wie man sie vom Feng Shui, der Wissenschaft zur Optimierung der Raumenergie, her kennt.

So wie ein Lichtstrahl, der auf ein Prisma fällt, sich in acht Spektralfarben aufteilt (sieben sichtbare Farben und Ultraviolett, das für das menschliche Auge unsichtbar ist), so fächert sich auch die Lebensenergie, die einen Raum erfüllt, in acht qualitativ unterschiedliche Strahlen auf, wobei als Prisma immer die Eingangstür eines Raumes beziehungsweise einer Wohnung fungiert. Und genauso, wie sich die acht Spektralfarben gesetzmäßig aneinanderreihen (Orange könnte nie willkürlich einen anderen Platz, etwa zwischen Grün und Blau, einnehmen), so haben auch im Feng Shui die Energiequalitäten im Raum immer ihren gesetzmäßig festgelegten Ort.

Diese acht Energiequalitäten werden in der Literatur beschrieben als Gesundheit und Eltern, Fülle und Reichtum, Anerkennung und Ruhm, Partnerschaft und Beziehung, Produktivität und Kinder, Mentoren und Hilfreiche Menschen, Lebensfluß und Karriere, Weisheit und Wissen.

Im Quadrat beziehungsweise Rechteck eines Raumes verteilen sie sich wie folgt (im Feng Shui wird diese Anordnung Bagua genannt):

Fülle Reichtum	Anerkennung Ruhm	Partnerschaft Beziehung
Gesundheit Eltern	Tai Chi	Produktivität Kinder
Weisheit Wissen	Lebensfluß Karriere	Mentoren Hilfreiche Menschen

Die Grundlinie wird stets von der Wand mit der Eingangstür gebildet, die sich somit immer in einem der drei Bereiche »Weisheit«, »Lebensfluß« oder »Mentoren« befindet.

In den acht Lebensbereichen finden sich die Qualitäten der acht Trigramme ebenso wie der ihnen zugehörigen Himmelsrichtungen wieder – zunächst einmal unabhängig davon, wo die wirklichen Himmelsrichtungen liegen.

Die Trigramme werden den Lebensbereichen traditionell folgendermaßen zugeordnet:

SO	S	SW
SUN	**LI**	**KUN**
Fülle	Anerkennung	Partnerschaft
DSCHEN		**DUI**
Eltern		Kinder
GEN	**KAN**	**KIËN**
Weisheit	Lebensfluß	Mentoren

(O am linken Rand, W am rechten Rand; NO unten links, N unten mitte, NW unten rechts)

Diese Entsprechungen der Trigramme und der Lebensbereiche sind nicht nur für das Verständnis der Trigramme von Vorteil. Genauso wertvoll sind sie umgekehrt für die Interpretation der Lebensbereiche, die in der gängigen Feng-Shui-Praxis oft nur allzu oberflächlich verstanden werden.

DSCHEN: Gesundheit und Eltern

Eine chinesische Weisheit besagt: »Man muß den Eltern nicht nur dankbar sein für das Gute, was sie einem haben angedeihen lassen, sondern sie auch ehren und achten für die Mängel, da sie Motor für die eigene Entwicklung sind.« In unserem Kulturraum lautet das vierte der Zehn Gebote: »Du sollst Vater und Mutter ehren, auf daß es dir wohl ergehe auf Erden.«

Der Fuß als DSCHEN-Körperteil weist auf die Wurzeln hin, die jeder Mensch hat, und darauf, daß er klug und weise handelt, wenn er seine Ahnen – speziell seine Eltern – als seine Wurzeln anerkennt. Wer sich im Hader wegen deren Fehler und Ungerechtigkeiten verfängt, schwächt sich selbst – wer mit ihnen bricht, entwurzelt sich. Wie wahr dies ist, hat Bert Hellinger mit seiner systemischen Familientherapie hinreichend belegt: Krankheiten und Unglücksfälle korrespondieren mit ungelösten Konflikten im Familiensystem. Diese mit dem Ziel der Versöhnung aufzuarbeiten und aufzulösen (im Sinne von erlösen), hat wahrhaft heilende Wirkung auf Körper, Geist und Seele.

Wenn der dem Trigramm DSCHEN zugeordnete Lebensbereich häufig auch mit »Familie« bezeichnet wird, dann ist damit die Ursprungsfamilie gemeint. Der Donner ist ein Symbol für Ehrfurcht, aber auch für die unbändige Kraft an Energie, die einem Individuum vitalisierend und motivierend von den Ahnen her zufließt.

Sun: Fülle und Reichtum

Die »Reichtumsecke« ist der im Feng Shui populärste Lebensbereich. Sun nur mit der Höhe des frei verfügbaren Einkommens gleichzusetzen, ist jedoch eine unzulässige Reduzierung des Bedeutungsgehaltes. Sun steht als Lebensbereich allgemein für die Fülle, die das Leben bietet. Das fängt bei den »kostenlosen« Schätzen an, die die Natur uns schenkt (siehe Sun im Jahreszyklus: Frühsommer), meint auch den Reichtum an Begegnungen mit lieben Menschen und schließt das mit ein, was man als »glückliche Fügungen« des Schicksals bezeichnet. In diesem Sinne kann sich jemand mit relativ geringem Einkommen reicher fühlen als ein Millionär, der nichts weggeben kann, weil er meint, sein Besitz sei immer noch zu gering, um sich sicher zu fühlen. Er betrachtet die Welt nur noch durch die Brille von Gewinn und Besitz, hat für die meisten Schätze des Lebens keinen Sinn und fristet trotz teurer Konsumgüter in gewisser Weise ein karges Dasein.

Li: Anerkennung und Ruhm

Li ist Feuer, aber auch Sonne und Licht. Wer sich in seinem Ruhm sonnen kann, der muß Leistungen vollbracht haben, die ans Licht der Öffentlichkeit kamen und Anerkennung gefunden haben. An solchen verdienstvollen Persönlichkeiten mißt man sich, man ahmt sie nach oder orientiert sich zumindest an deren Wertvorstellungen.
Aber wie viele werden schon so berühmt? – Die meisten Menschen backen kleine Brötchen. Der Lebensbereich Li steht für die Anerkennung der Person, ihrer Qualitäten und Verdienste. Er steht auch für die Selbstanerkennung. Es gibt Menschen, die sich selbst mehr und härter kritisieren, als es ihre Mitbürger tun. Sie werden schnell zu Mauerblümchen oder Miesepetern, und das Desinteresse ihrer Umwelt ist die Folge.

Kun: Partnerschaft und Beziehung

Kun ist das Empfangende, Dienende, Mütterliche. Beziehungsfähig zu sein bedeutet, für die andere Person da zu sein, ihr zu helfen, sich entwickeln zu können, und zwar aus einem Gefühl des Angenommenseins, des Sich-verstanden-Fühlens und des Geborgenseins. Eine Partnerschaft gelingt dann, wenn beide Partner sich bemühen, dies zu leisten – die Frau für den Mann, aber auch der Mann für die Frau.

Dui: Produktivität und Kinder

Der Lebensbereich Dui steht für die unbeschwerte Heiterkeit der Kindheit und für die Kinder selbst. Im Jahreszyklus repräsentiert Dui die Zeit der Ernte (Herbst) und bedeutet auch das, was man im Leben schafft, um es der Nachwelt zu übergeben: Projekte und Produkte, an denen andere teilhaben können – ob es Maschinen sind, die man gebaut, Bücher, die man geschrieben, oder Kunstwerke, die man geschaffen hat. Dazu gehören z. B. auch kleine Basteleien, mit denen man zu festlichen Anlässen die Bekannten erfreut.

KIËN: Mentoren und Hilfreiche Menschen

Das Trigramm KIËN meint den Himmel und das Schöpferische, das Haupt einer Familie, den Kopf einer Gemeinschaft. Eine Persönlichkeit, die aufgrund ihrer beherrschenden Stellung und Macht über Einfluß verfügt, muß andere daran teilhaben lassen. Das »Vitamin B« (gute Beziehungen) kommt vielen zugute und letztlich der KIËN-Natur selbst, denn allein vermag sie wenig, aber in der Seilschaft erklimmt sie selbst die höchsten Gipfel.

Etwas selbstloser ist die Funktion, die man als Mentor übernimmt, oder die Verpflichtung, die man als Patenonkel oder -tante eingeht. In beiden Fällen begleitet man Menschen während einer Phase ihres Lebens, in der sie Hilfe zur Orientierung in dieser Welt und zum Finden ihrer eigenen Richtung gut gebrauchen können.

Im Feng Shui zeigt dieser Lebensbereich vorrangig auf, inwieweit man eine Hilfestellung durch solche Personen erfährt und in welchem Maße man imstande ist, sie wahr- und anzunehmen.

KAN: Lebensfluß und Karriere

Die Energie von KAN unterstützt das In-sich-Hineinhorchen. Sie macht Mut, in die eigene seelische Tiefe – wie in die Tiefe eines Wassers – hineinzutauchen. Hier vernimmt man die innere Stimme, die sagt, was für einen richtig ist, was man tun oder lassen soll. Wer sich dieser Führung anvertraut, macht seinen Weg. Wer den Weg seiner Bestimmung geht (man achte auf den gemeinsamen Wortstamm von »Stimme« und »Bestimmung«), der ist im Fluß des Lebens und übt die Tätigkeiten aus, die ihm – seinem Wesen, seiner Begabung und seiner Kompetenz – entsprechen.

Der in den meisten Feng-Shui-Büchern verwendete Begriff »Karriere« wird der Bedeutung von Kan nicht so ganz gerecht, denn oft erfolgen Karrieren unter Verleugnung der Botschaften der inneren Stimme. Sie verlaufen meist gradlinig, der Lebensfluß aber hat seine Biegungen und Wendungen; und oft führt gerade das, was zunächst als Umweg erscheint, zum Ziel.

Gen: Weisheit und Wissen

Gen unterstützt das In-sich-Versenken, ermöglicht die Auswertung der bisher gemachten Lebenserfahrungen und hilft die Fragen zu beantworten: »Was lerne ich daraus? Was kann ich in Zukunft anders machen?« Die Hand als der dem Trigramm Gen zuerkannte Körperteil deutet auf Praktisches, im Leben Gelerntes hin, nicht auf theoretische Erkenntnisse.

Mit diesem Lebensbereich, obwohl er oft mit »Wissen« bezeichnet wird, ist nicht so sehr das lexikalische Wissen gemeint, das man in der Bibliothek und durch das Internet ergänzen und erweitern kann, sondern die Weisheit, die aus der Lebenserfahrung resultiert.

Die Trigramme und die Familienstruktur

Zu einem weiteren vertiefenden Verständnis der Trigramm-Qualitäten verhelfen die Analogiebildungen zur »Familienstruktur«, wie sie im *I Ging* zugrunde gelegt ist. Man spricht dort vom Vater KIËN, der Mutter KUN, den ältesten Geschwistern DSCHEN und SUN, den mittleren KAN und LI und den jüngsten GEN und DUI – jeweils Sohn und Tochter.

In diese Charakterisierung fügen sich auch die Zuordnungen von *Körperteilen:* Der Kopf gehört zu KIËN, der Bauch zu KUN, der Fuß zu DSCHEN, die Schenkel zu SUN, das Ohr zu KAN, das Auge zu LI, die Hand zu GEN und der Mund zu DUI.

Die folgenden Beschreibungen richten sich nach der Ordnung in der Familie:

KIËN und KUN

KIËN: Vater – Kopf – Himmel – das Schöpferische
KUN: Mutter – Bauch – Erde – das Empfangende

Der Vater gilt traditionell als Haupt der Familie *(Kopf)*. Zumeist ist er es, der für den Lebensunterhalt sorgt und dessen berufliche Stellung die Position der Familie in der Gesellschaft bestimmt. Tagsüber ist er unterwegs und geht seinen Geschäften nach. Abends, wenn er nach Hause kommt, interessieren ihn an seinen Kindern vor allem deren schulische Leistungen.

Die Mutter repräsentiert den Mutterschoß *(Bauch)*, der die Kinder ausgetragen hat und auf den diese sich flüchten können, um Trost zu finden. Die Mutter sorgt sich um das leibliche und emotionale Wohl der Kinder. Sie steht rund um die Uhr zur Verfügung und kennt die Stärken und Schwächen der Kinder und die zarten, verletzlichen Seiten besser als jeder andere.

Vater und Mutter zusammen geben den Kindern Orientierung und Geborgenheit. Beides brauchen sie, um in dieser Welt aufwachsen und gedeihen zu können.

Diese Charakterisierungen entspringen natürlich einem traditionellen, patriarchalen Weltbild. Die Kultur, in der das *I Ging* entstand und über Jahrtausende hinweg zur Blüte reifte, ist unverkennbar patriarchalisch. In Europa – speziell in Mitteleuropa – fühlt man sich heute beim Lesen der Texte des *I Ging* oft befremdet, weil man seit etwa einem halben Jahrhundert die strenge Rollenteilung zu überwinden versucht.

In der Tat sind KIËN und KUN jedoch nicht an das Geschlecht gebunden. Es gibt KIËN-Frauen und KUN-Männer, unübersehbare Repräsentanten sowohl ihres Geschlechts als auch der Trigramm-Qualitäten. Jeder Mensch hat weibliche und männliche Anteile in sich, die man – weniger mißverständlich – als Qualitäten von Yin und Yang bezeichnen sollte. Der Lernprozeß, der weltweit ansteht, hat das partnerschaftliche Zusammenwirken, die gleichberechtigte Interaktion dieser Qualitäten zum Ziel, in der keine die andere zu beherrschen versucht und jede in der ihr eigenen Art zum Strahlen kommt.

In jeder Familie, in jeder Gruppe, in jedem Sozialwesen findet sich eine Mutter-Vater-, eine Yin-Yang-Konstellation. Die sozialpsychologische Forschung beschreibt zwei Führungspositionen, die sich in Arbeitsteams immer wieder herauskristallisieren: eine an der Leistung und dem Ergebnis orientierte Führungsperson und eine, der das Wohl der Mitarbeiter und das Betriebsklima am Herzen liegt. Die erste ist für die Gruppe die fachliche Autorität, der man mit Respekt begegnet, und die zweite ist besonders beliebt, weil sie im Team für Wohlbefinden sorgt. Bei ihr schüttet man sein Herz aus, wenn man Sorgen hat.
Die besten Leistungen erbringt eine Gruppe, wenn die »Chemie« zwischen den beiden Führungspersönlichkeiten stimmt und sie gut zusammenarbeiten. In reinen Männerteams verteilen sich die Rollen auf zwei Männer und unter Frauen eben auf zwei Frauen. In gemischten Gruppen kommen alle Varianten vor. Hauptsache, die beiden Qualitäten von KIËN und KUN sind präsent. Es kommt nicht darauf an, von welchem Geschlecht sie jeweils gerade repräsentiert werden.

Dschen und Sun

Dschen: ältester Sohn – Fuß – Donner – das Erregende
Sun: älteste Tochter – Schenkel – Wind – das Sanfte

Der älteste Sohn ist dazu bestimmt, den Hof zu erben oder das Geschäft zu übernehmen. Wenn er fordernd und provozierend auftritt, so wird ihm das zugestanden. Trotzig stampft er mit dem *Fuß*; man ärgert sich zwar über ihn, denn er stört die selbstgefällige Ruhe und stellt unbequeme Fragen, aber man ist auch stolz auf ihn. In der Schule sind die schlimmen Buben den Lehrern oft mehr ans Herz gewachsen als die braven und unauffälligen.

In der Forschung zur Gruppendynamik wird vom »kritischen Führer« als einer dritten Führungsrolle gesprochen. Seine Lust am Kritisieren ist zwar unbequem und wird mit harschen Reaktionen quittiert, aber immerhin bewirkt er damit, daß Themen auf den Tisch kommen und Probleme benannt werden, die in der Tat der Diskussion bedürfen.
Seine Ideen und Verbesserungsvorschläge werden zwar oft verworfen, aber das Ergebnis der Überlegungen, zu denen er die Gruppe praktisch zwingt, ist allemal besser als der vorherige Stand. Somit erfüllt er die Funktion eines Erneuerers und verhindert gefährlichen Stillstand. Er bewirkt, daß die Familie/Gruppe sich als System weiterentwickelt und »voranschreitet« *(Fuß)*. Trotz seiner oft ungehobelten und provozierenden Art wird er selten aus der Gruppe ausgestoßen. Wenn sie einen Sündenbock braucht, wählt sie in Regel jemanden, der schwächer ist und sich nicht so gut zu behaupten weiß.

Ganz als Gegensatz zu Dschen wird das Temperament von Sun, der ältesten Tochter, beschrieben. Sie ist die liebe, die sanfte, die verständige und beständige Tochter. Mit ihrer stillen, aber doch sehr zielgerichteten Art erreicht sie oft mehr als der leicht cholerische Bruder. Aber ihre Ziele sind anderer Art, sie will nicht erneuern, sie will sich schön kleiden und gut leben. Und es dauert nicht lange, da weiß sie mit ihrer sinnlichen Ausstrahlung das Begehren der jungen Männer zu wecken *(Schenkel!)*. »Carpe diem – pflücke den Tag«: Von Sun kann man lernen, was das heißt und wie das geht.

DSCHEN und SUN stehen für zwei einander ergänzende Polaritäten wie Yin und Yang.

Jede Erneuerung beginnt mit der Qualität von DSCHEN. Sie kommt donnerhaft, elektrisierend und bringt Bewegung in ein von Selbstgefälligkeit und Stagnation bedrohtes System. Wenn aber das Problem allseits erkannt ist und nicht mehr verdrängt werden kann, gilt es, mit den SUN-Qualitäten – Zielstrebigkeit, Taktik, Sanftmut und Geduld – die Entwicklung weiterzuführen. Wer immer nur provoziert, wird nicht mehr ernst genommen. Wer als Provokateur zuviel Macht bekommt, läuft Gefahr, tyrannisch zu werden. Der Donner darf nicht wirklich revolutionär werden, er soll zwar hörbar einen neuen Schritt zur Weiterentwicklung einleiten, dann aber das Zepter an SUN reichen, die dank ihres Naturells die besseren Chancen hat, die Evolution voranzutreiben.

Umgekehrt bedarf SUN des Donners, damit sie bei aller Verliebtheit in die Schönheit der Welt und bei aller Begeisterung für die Schätze dieser Erde nicht vergißt, daß diese sich ja ständig weiterdreht und das einzig Beständige der Wandel ist.

KAN und LI

KAN: mittlerer Sohn – Ohr – Wasser – das Tiefgründige
LI: mittlere Tochter – Auge – Feuer – das Haftende

KAN, als mittlerer Sohn, ist so ganz anders als sein älterer Bruder: in sich gekehrter, sensibler – auch wenn er versucht, sich das nicht anmerken zu lassen. Seine Mutter weiß es, aber andere verkennen ihn. Das Wasser ist das Tiefgründige, man kann ihm nicht bis auf den Grund sehen und ist oft überrascht, was an die Oberfläche kommt. So bringt KAN immer wieder Dinge hervor, die man so nicht erwartet oder die man ihm nicht zugetraut hätte. Er kann gut in sich hineinhorchen *(Ohr)* und läßt sich von seiner inneren Stimme mehr leiten als von den Erwartungen seiner Umgebung.

Bei Lɪ hingegen, der mittleren Schwester, weiß man immer, woran man ist. Ihr Herz liegt auf der Zunge, sie ist offenherzig, liest viel, ist vielseitig interessiert und leicht Feuer und Flamme für etwas. Ihr Interesse für andere Kulturen, für Geschichte, Religion und Philosophie ist unverkennbar. Da sie ein *Auge* für das Wesentliche hat, ist sie von der Vielfalt und Komplexität der Themen nicht überfordert.

Die beiden mittleren Geschwister scheinen noch unterschiedlicher zu sein als die älteren. KAN, das Wasser, und Lɪ, das Feuer – wie soll sich das vertragen? Aber sie sind eben echte Geschwister: Sie streiten sich zwar gerne, aber im Ernstfall halten sie zusammen wie Pech und Schwefel.

KAN repräsentiert die Welt der Seele. Jede Seele hat Zugang zu einer Sphäre, die allen Menschen gemeinsam ist. In diese Sphäre gerät, wer die durch innere Begrenzung erzeugte Angst überwindet und sich dem Urvertrauen überantwortet – so wie beispielsweise die Märchenfigur »Goldmarie« mutig in den Brunnen springt und im Paradies von Frau Holle landet.

Lɪ, das leicht Entflammbare, das Verzehrende, zeigt sich in der Entgrenzung und Verbundenheit der Liebe zweier Herzen. Diese Verschmelzung, dieses Sich-eins-Fühlen mit dem anderen, diese Freude, in der man die ganze Welt umarmen möchte, kennt ebenfalls keine Angst und keine Trennung.

Wasser und Feuer repräsentieren nur zwei unterschiedliche Arten, um zu der Welt des Einsseins, zu den Ebenen des Göttlichen durchzustoßen. In Mozarts *Zauberflöte* werden Pamina und Tamino einer Feuer- und einer Wasserprüfung unterzogen. Die Hawaiianische HUNA-Lehre ist eine Kosmologie, die auf dem polaren Zusammenspiel von HU-Feuer und NA-Wasser beruht.

Wahres Menschsein heißt, sich dieser Polarität bewußt zu sein, sie zu bejahen und in sich integrieren zu können.

GEN und DUI

GEN: jüngster Sohn – Hand – Berg – das Stillehalten
DUI: jüngste Tochter – Mund – See – das Heitere

Der älteste Sohn erbt den Hof, der mittlere erlernt einen bürgerlichen Beruf, aber der jüngste wird Gott geweiht. Diese Konvention findet man in den unterschiedlichsten Kulturen – nicht nur im Christentum. GEN, der Berg, hat als Potential die Buddha-Natur, wie noch gezeigt werden wird: in sich ruhend und über den Dingen stehend. Wem GEN die *Hand* auflegt, der wird ruhig, der fühlt sich sicher, was immer auch geschieht.

Ganz anders die jüngste Tochter DUI. Als letztes von sechs Kindern – häufig ungeplant und überraschend noch erschienen – ist sie das Nesthäkchen der Familie, der Sonnenschein, der »Wonneproppen«, der einfach noch kommen mußte! Nicht nur die Eltern, auch die Geschwister meinen das Kleine erziehen zu müssen und merken nicht, wie DUI schon längst den Spieß umgedreht und die Fäden in die Hand genommen hat. Sie bewirkt, daß sich die Familie trifft, zusammensetzt, wieder Spiele spielt, für die sich die »Großen« bereits viel zu erwachsen wähnten. Munter plappert sie drauflos *(Mund)* und lehrt sie, daß mit Heiterkeit das Leben doch viel leichter zu ertragen ist. »Worüber man nicht lachen kann, das kann nicht heilig sein«, meint ein fernöstlicher Weisheitsspruch.

Auch GEN, das Stillehalten, und DUI, das Heitere, brauchen einander. Wer nur noch ernst ist, wird verbiestert; wer den Ernst nicht kennt, den treibt nur oberflächliche Lustigkeit. Wer nicht schweigen kann, ist schwatzhaft, wer die Begegnung mit anderen meidet, wird zum Eigenbrötler.

Das wären sie nun – die acht Trigramme als Familie. Es sei nochmals betont, daß dies keine Darstellung realer Familien ist: Welches Paar in der westlichen Welt hat heutzutage noch sechs Kinder? Diese Schilderungen sollen nur bestimmte Qualitäten der Trigramme deutlich machen.

Feng-Shui- und *I-Ging*-Experten erkennen in der polaren Anordnung dieser Trigrammpaare das Abbild des sogenannten »vorweltlichen Himmels«. Dazu heißt es im Originaltext (*I Ging,* Seite 246):

>»Himmel und Erde bestimmen die Richtung.
>Berg und See stehen in Verbindung ihrer Kräfte.
>Donner und Wind regen einander auf.
>Wasser und Feuer bekämpfen einander nicht.«

Der Weg des Lo-Shu-Helden

Die Schildkröte des Flusses Lo

Die Schildkröte ist für die Chinesen ein außerordentlich symbolträchtiges Tier. Im alten China wurde sie in geradezu kultischer Weise verehrt. Ihre Gestalt gilt als Abbild des Kosmos. Der runde, gewölbte Rückenpanzer steht für den Himmel, die quadratisch geformte Bauchplatte für die Erde. Sehr schön formuliert diese Symbolik Franciscus Adrian in seinem Buch *Die Schule des I Ging – Hintergrundwissen*:

»Innerhalb ihres schützenden Gebäudes zwischen Deck- und Bauchschale entfaltet die Schildkröte ihr körperliches Leben. Sie zeigt im Kleinen ein Abbild des universalen Gesetzes im Großen: Nur in der schützenden und tragenden Arche zwischen Himmel und Erde kann sich Leben entfalten. … In welche Lebenslage auch immer sie gerät, sie verläßt niemals ihren ureigensten Raum genau im Zentrum zwischen oben und unten.«

Wer für sich immer wieder den rechten Platz zwischen Himmel und Erde findet, dem ist Glück, Wohlstand und langes Leben beschieden.

Diese Symbolik findet sich auch in der Form der chinesischen Münze wieder: Außen ist sie ist kreisrund wie der Himmel, innen jedoch quadratisch als Symbol für die Erde. Die auf reine Graphik reduzierte geometrische Form dient als Logo der Bank of China. Es prangt auf den Gebäuden in der für Chinesen glückverheißenden Farbe Rot.

Chinesische Münze und das Logo der Bank of China

Aus uralten chinesischen Quellen ist der Mythos von der Schildkröte über-liefert, die aus dem Fluß Lo emporstieg und auf den neun Platten ihres Rük-kenpanzers seltsame Zeichen – Shu – hatte, die in Kombination mit den Trigrammen des Baguas folgendes Muster ergaben:

Die Lo-Shu-Zeichen auf der Schildkröte aus dem Flusse Lo

Bei dieser – auch im Feng Shui gebräuchlichen – Zuordnung der acht Trigramme des Baguas zu den neun Zeichen (beziehungsweise Zahlen) bleibt die Mitte frei:

SUN 4	LI 9	KUN 2
━━━ ━ ━	━ ━ ━━━	━ ━ ━ ━
DSCHEN 3	5	DUI 7
━ ━ ━━━		━ ━ ━━━
GEN 8	KAN 1	KIËN 6
━ ━ ━ ━	━ ━ ━ ━	━━━ ━━━

(Man hat es hier mit einem magischen Quadrat zu tun. Die Zahlen einer Zeile, einer Spalte oder einer Diagonale addieren sich jeweils zu der Summe 15.)

Ordnet man die Trigramme nach den Zahlen, so ergibt sich folgende numerische Reihenfolge:

1 – KAN   2 – KUN   3 – DSCHEN   4 – SUN

5 – leere Mitte

6 – KIËN   7 – DUI   8 – GEN   9 – LI

Der Leser muß sich also zu den bisher verwendeten zwei unterschiedlichen Trigramm-Reihenfolgen – 1. *Himmelsrichtungen* (Beginn im Osten mit DSCHEN), identisch mit der Abfolge der *Jahreszeiten* und der Anordnung der *Lebensbereiche* im Bagua, und 2. »*Familienstruktur*« (Beginn: KIËN-Vater) – an diese 3. Reihenfolge der *Lo-Shu-Zahlen* (Beginn: KAN) gewöhnen, die in den folgenden Kapiteln ebenfalls wichtig wird.

Der sogenannten »leeren« Mitte kommt im Feng Shui besondere Bedeutung zu: Sie ist der Sammelpunkt aller Energiequalitäten, in ihr sind alle vereint. Eine alte Weisheit aus dem Zen lautet:

Beim Menschen ist es das Hara, die Stelle unterhalb des Bauchnabels, die das Zentrum unserer Lebensenergie darstellt. In allen fernöstlichen Meditationen, ebenso in den Kampfsportarten wie auch in der sanften Bewegungsabfolge des Tai Chi, ist das Hara der Dreh- und Angelpunkt: Ort der Ruhe und der Kraft, der Schwerpunkt, in dem ich so zentriert sein soll, daß nichts mich aus der Ruhe bringt.

Die Heldenwege

Wer sich mit dem Tarot unseres westlichen Kulturkreises beschäftigt hat, weiß, daß in den 22 Hauptkarten ein Entwicklungs- und Individuationsweg beschrieben ist, den der Held – im Tarot ist es der Narr – durchläuft.

Analog dazu kann man nun, den Lo-Shu-Zahlen folgend, einen Weg beschreiben, der nacheinander die Lebensbereiche des Baguas von Karriere (1) bis Ruhm (9) durchläuft.

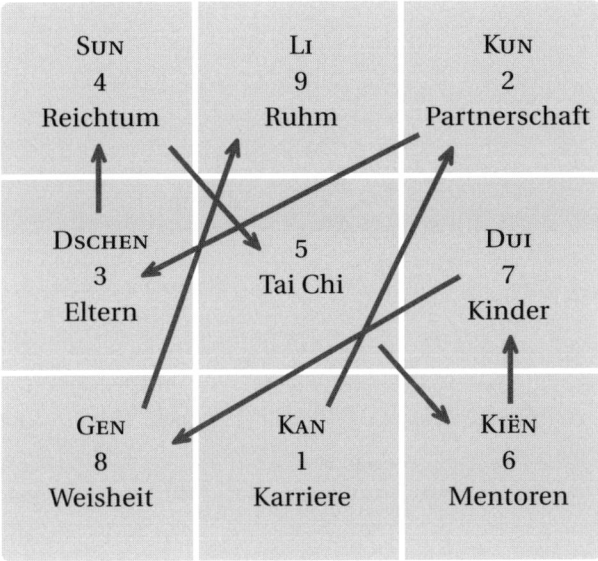

Kurz und vereinfacht dargestellt, durchläuft der Held folgende Stationen: Er schlägt eine erfolgversprechende berufliche Laufbahn ein (1), findet eine nette Partnerin (2), erbittet von den Eltern den Segen für die Hochzeit (3), gründet eine Familie und kommt zu Wohlstand (4). Nachdem er seine Lebensmitte durchlaufen hat (5), wird er Unternehmer und Gönner (6), freut sich darüber, was aus seinen Kindern und Projekten geworden ist (7), wird weise (8) und schließlich berühmt (9).

Diese Kurzbeschreibung ist natürlich viel zu oberflächlich, vor allem wenn man die Zusammenhänge von Lebensbereichen und Trigrammen kennt. Außerdem orientiert sie sich an der Biographie eines Mannes – wo bleiben da die Frauen?

In den folgenden beiden Schilderungen der Lebenswege eines Mannes und einer Frau werden die *Lebensbereiche* des Baguas als *Lebensstufen* bzw. *-abschnitte* und von der eigentlichen Bedeutung der Trigramme her beschrieben. Sie wirken natürlich idealisiert, denn sie beruhen auf der Annahme, daß es gelingt, jeden Abschnitt in der beschriebenen Weise zu meistern. Zu dieser Meisterschaft will dieses Buch letztendlich beitragen.

Zunächst die *idealisierten* Lebensstufen eines Mannes beziehungsweise einer yangbetonten Persönlichkeit:

1 – KAN

Der junge Held macht sich auf die Reise. Er weiß um seine Begabungen und hat Lust, sie in der Welt zu erproben. Damit setzt er sich Gefahren aus, denen er nicht ausweichen darf, die er aber überwindet, wenn er wahrhaftig ist und sich – seinem Wesen – in jeder Situation treu bleibt. Es sind eigentlich immer seelische Herausforderungen, die er im Inneren zu meistern hat. Gelingt es ihm, so stellt sich der Erfolg im Äußeren von selbst ein.

2 – KUN

Unser Held findet die Frau seiner Träume. Er erkennt, daß für das Gelingen der Beziehung zu ihr nicht das Beeindrucken ausschlaggebend ist, sondern das Sich-beeindrucken-Lassen. Die reine Anschauung des Wesens seiner Partnerin, die Annahme dessen, wie sie ist, und nicht, wie er sie gerne hätte, ist gefragt. Er sorgt dafür, daß sie sich in ihrem Wesen verstanden fühlt und sich entsprechend weiterentwickeln kann.

3 – DSCHEN

Mit seiner Auserwählten tritt er nun vor seine Eltern. Er muß sie ehren, ihnen danken für das, was sie Gutes getan haben, aber auch ihre Mängel achten, weil diese für ihn zur Motivation, zum Ansatz seiner Reise geworden sind. Ist er mit ihnen ausgesöhnt, so erlangt er ihre Zustimmung, und seine Beziehung wird gesegnet.

4 – SUN

Nun kommt er zu Wohlstand. Er erreicht dies durch beständiges, sanftes Wirken (wie der Wind) und durch allmähliche, kaum sichtbare Mehrung seines Besitzes (wie das langsam wachsende Holz), nicht durch Forcieren und Erzwingenwollen. Dann hat auch der Wohlstand Bestand. Das Schicksal lohnt seine Mühe mit »glückhaften Segnungen«, wie William Spear es in seinem Buch *Die Kunst des Feng Shui* so schön beschreibt.

5 – Tai Chi

Im Bagua, dem Quadrat der acht Lebensbereiche, ist dies der Mittelpunkt des Raumes.

Nun taucht in der Biographie unseres Helden die Frage auf, was nach Karriere, Familiengründung und Wohlstand eigentlich noch kommt und sinnstiftend für den weiteren Verlauf des Lebens sein könnte. Es ist die Zeit der berühmten Midlife-crisis. Wer sich vor dieser Frage drückt, läuft Gefahr, daß sich die bisher gelebten Werte ins Negative wenden: Konsumrausch und Karrieresucht können die innere Leere nicht füllen.

Der Weg durch die weiteren Lebensbereiche beziehungsweise Trigramm-Qualitäten zeigt nun, daß ein sinnvolles Weiterschreiten nur im Wirken für andere und für die Gemeinschaft möglich ist: Was für mich sinnvoll ist, muß für andere nützlich sein.

6 – Kiën

Unser Held kommt in verantwortliche Stellung und wird zum hilfreichen Menschen, zum Mentor. Dank seiner bisherigen Erfahrungen hat er eine Weite des Horizonts erreicht, durch die er andere inspirieren, beraten, unterstützen, führen kann. Er wird für das Gemeinwohl schöpferisch tätig, so wie der Himmel mit Sonne, Wind und Regen für das Gedeihen der Erde sorgt.

7 – Dui

Das Entlassen der eigenen Kinder in die Selbständigkeit, das Verwirklichen von Ideen, das Zur-Reife-Bringen all dessen, was er in die Welt gesetzt hat, ist der nächste Schritt. Wahrheit und Stärke im Herzen, aber Heiterkeit und Milde im Umgang mit der Welt sind als Qualitäten gefragt.

8 – Gen

Das Bild dieses Trigramms ist der Berg, und es bedeutet »das Stillehalten«. Diese Zeit des Lebens ist mehr nach innen gerichtet. Selbstreflexion und Introspektion sind angesagt, damit sich alles Wissen und Know-how in Weisheit verwandeln kann.

9 – Li

»Anerkennung und Ruhm« heißt dieser, dem Süden und der Sonne zugeordnete, neunte und letzte Lebensbereich. Im Bineß-Feng-Shui spricht man von der Kommandoposition.

Doch das Studium des Trigramms Lı bewahrt uns vor voreiligen Interpretationen. Lı ist das Feuer, steht für Transformation und für den Übergang von der Immanenz zur Transzendenz.

Die letzte Gefahr des Helden ist es, nach dem schnellen Beifall der Menge zu schielen, Macht ausüben zu wollen, ohne dazu ermächtigt zu sein. Nicht Politiker, der nur auf die nächste Wahl schielt, sondern Staatsmann sollte er sein – mit der Bereitschaft, abzutreten und auf Macht zu verzichten, wenn es denn an der Zeit ist.
Lı steht auch für das Feuer, das die Weltgegenden erhellt, das für Klarheit und Orientierung sorgt – ein Leuchtturm, nicht ein Kapitän!

Diese Heldenbiographie ist nicht nur für Vertreter des männlichen Geschlechts gültig, auch Frauen können sich darin wiederfinden. Es ist jedoch der Weg einer Persönlichkeit, bei der der Lebensweg eng mit dem beruflichen Werdegang verknüpft ist. Dadurch werden die Yang-Aspekte sowohl in der Persönlichkeitsstruktur als auch in den Lebensabschnitten aktiviert.

Als nächstes wird nun beispielhaft und in *idealisierter* Weise der Lebensweg einer Frau beziehungsweise einer yinbetonten Persönlichkeit beschrieben:

1 – KAN

Zu Beginn ihres eigenständigen Lebensweges – also an der Schwelle von der behüteten Tochter zur selbständigen, jungen Frau – horcht sie auf den Rat ihrer inneren Stimme: Möchte sie Kinder haben, welcher Beruf entspricht ihren Begabungen und Neigungen?

2 – KUN

Sie geht Partnerschaften ein und macht die Erfahrung, daß Hingabe nicht einseitig sein darf; daß der Raum, den man anderen zur Entwicklung bereitstellt, der Wände / Grenzen bedarf, um Raum zu sein. Wenn Grenzen fehlen, so führt das zur Selbstaufgabe und zu Grenzenlosigkeit und Maßlosigkeit derer, denen diese Selbstaufgabe gilt. Dies ist aber einer positiven Entwicklung – für beide – abträglich und damit ein Verfehlen dessen, was die KUN-Qualität eigentlich erbringen soll.

3 – DSCHEN

Die Geburt des ersten Kindes ist eine Initiation für sie. Inspiration und eine untrügliche Intuition zeichnen sie aus und bringen die Umwelt zum Staunen – ob in ihrem Wirken als Mutter, als Ratgeberin ihres Mannes oder in ihrem Beruf. Auch ist sie es, der vor allem die religiöse/spirituelle Erziehung der Kinder am Herzen liegt. Je mehr sie mit ihren eigenen Eltern im reinen ist, desto unverkrampfter lebt und vermittelt sie die Beziehung zur Instanz des Überirdischen.

4 – Sun

Die Kinder sind nun schon etwas selbständiger, brauchen ihre Mutter nicht mehr den ganzen Tag. Freiräume entstehen. Wenn sie diese zu nutzen weiß, kann sie die Fülle des Lebens umarmen.

5 – Tai Chi

Die Lebensmitte wird als Einschnitt erlebt. Frau wie Mann nehmen wahr, daß sie die mittlere dreier Generationen sind: zwischen den Kindern, die in die Selbständigkeit drängen, und den Eltern, die die Berufstätigkeit hinter sich und ihren letzten Lebensabschnitt vor sich haben. In der eigenen Mitte zu bleiben ist nicht leicht. Es sind Wechseljahre im sozialpsychologischen Sinne – noch vor den biologischen, wie die sozialpsychologische Erforschung von Frauenbiographien eindrücklich herausgefunden hat (Ursula Lehr).

6 – Kiën

Verantwortung und Sorge sind zweierlei; »frau« trägt immer noch eine gewisse Verantwortung für die Kinder, die nun schon erste konkrete Schritte in die Selbständigkeit tun, jedoch nicht mehr im Sinne des Umsorgens der früheren Jahre.
Verantwortung wächst ihr nun auch für die Eltern zu, wenn diese sich zunehmend schwächer fühlen.
Verantwortung hat sie aber auch für sich: dafür, das Leben selbst in die Hand zu nehmen, anstatt es von außen bestimmen zu lassen.

7 – Dui

Die Kinder sind nun endgültig erwachsen! Sie freut sich darüber, was aus ihnen geworden ist. Nun kommen die Enkel – sie sind die neuen Glücksbringer und werden mit Geschenken überhäuft.
Sie ist Gesprächspartnerin ihrer erwachsenen Kinder. Auch die Beziehung zu ihrem Mann ändert sich, sobald die Kinder aus dem Haus sind. Die Ehepartner brauchen neue Themen und profitieren von der Zeit, die sie nun ohne Kinder füreinander haben.

8 – GEN

Sie registriert, wie die Kinder ihre Kinder erziehen und vergleicht – wo sind die Probleme ähnlich, was ist anders, wie packt die junge Generation die Probleme an, womit tun sie sich leichter, womit schwerer?
Auch wenn sie sich den Kopf anscheinend für die anderen zerbricht, meist geht es darum: »Was habe ich richtig gemacht, was würde ich jetzt anders machen, was lerne ich daraus, und was kann ich an Erfahrungen weitergeben?« Je unaufdringlicher sie das macht, desto eher kommen die anderen herbei und suchen ihren Rat!

9 – LI

Sie ist zur weithin geachteten Persönlichkeit geworden. Man blickt zu ihr auf, feiert sie, hat Achtung vor ihrem Lebenswerk und freut sich über ihren immer stiller werdenden Humor.

In dieser Weise beenden unsere Heldinnen und Helden ihren Lebensweg. Sie müssen keine öffentlichen Berühmtheiten sein, sie können auch im kleinen Kreis ihren Weg vollenden. Sie sind weise geworden, zu ihnen kommt man, wenn man Rat braucht; und oft sucht man sie einfach deswegen auf, weil ihre Gegenwart guttut, weil sich in ihrem Beisein Emotionen beruhigen und Gedanken klären, ohne daß es großer Worte bedarf.
Es ist ihre Ausstrahlung, ihre Art zu sein, die Transzendenz, die bereits durch sie durchscheint und wortlos kündet, daß auch ihr künftiges Ende nur ein Übergang ist.

Die zwei Oktaven im Lebenslauf

In der Lebensmitte vollzieht sich ein entscheidender Wandel, wie im vorigen Kapitel deutlich wurde. Man kann ihn mit einem Oktavsprung vergleichen und entdeckt, daß die nach den Trigrammen benannten Lebensabschnitte der zweiten Hälfte von den Inhalten her die höhere Oktave der ersten sind.

Die Trigramme Kiën, Dui, Gen und Li stellen die höhere Oktave von Kan, Kun, Dschen und Sun dar.

Höhere Oktave: 2. Lebenshälfte	Kiën (6)	Dui (7)	Gen (8)	Li (9)
Tiefere Oktave: 1. Lebenshälfte	Kan (1)	Kun (2)	Dschen (3)	Sun (4)

Kiën – Unternehmertum und Mentorenschaft – ist die höhere Oktave zu Kan, dem Lebensfluß. Indem man gestaltend und an verantwortlicher Stelle seinen Beitrag zum Gedeihen von Familie, Unternehmungen und Institutionen leistet, schafft man ein Umfeld, das den Menschen in ihrem ersten Lebensabschnitt (Kan) die Möglichkeit gibt, ihre Begabungen zu entwickeln, zu erproben und ihren Weg zu finden. Man ist für sie Mentor.

Dui in seiner Meisterschaft des produktiven Erfahrungsaustausches und der heiteren Kommunikation ist die höhere Oktave zu Kun, Partnerschaft und Beziehung. Die Dui-Qualität schafft Räume der Begegnung, in denen Menschen ihre Erfahrungen austauschen und in freundschaftlicher Atmosphäre voneinander lernen und sich wechselseitig bereichern können – in geistiger, seelischer aber auch materieller Hinsicht. Dui organisiert und moderiert diese Begegnungen, managt diplomatisch die Beziehungen der anwesenden Personen und »Parteien« – wirkt als sogenannter »Kommunikationsexperte« im besten Sinne. Den Mitmenschen Vorbild zu sein im konstruktiven Umgang mit Konflikten, ist einer der wertvollsten Beiträge zum Gelingen von Beziehungen (Kun).

GEN in seiner Fähigkeit des Innehaltens, des Rückblicks und Auswertens von Erfahrungen ist die höhere Oktave zu DSCHEN, dem aufbegehrenden Donner. GEN hat selbst schon sehr viele Gewitterstürme hinter sich, kann DSCHEN verstehen, anleiten und mäßigend auf sein Temperament einwirken.

Die Großeltern finden bei den Enkeln in vielen Fällen mehr Gehör als die Eltern.

LI als Lebensstufe, in der sich der Übergang zur Transzendenz vorbereitet, ist die höhere Oktave von SUN, der Zeit des Genießens von Lebensfülle. Die Fülle der Transzendenz umfaßt und durchdringt die Fülle dieser Welt. Wie könnte sonst der Duft einer Rose, ein Regenbogen, ein glitzernder Tautropfen, eine Fuge von Bach, das Gemälde eines großen Künstlers uns so tief berühren?

Entwicklungsprinzipien und Lebenslauf

Die mittels der Trigramme beschriebenen Lebensabschnitte spiegeln für Frau oder Mann gleichermaßen Lernprozesse wider, denen sie sich ein ganzes Leben lang stellen müssen, die in der jeweiligen Lebensstufe aber besondere Aktualität genießen.

Besonders deutlich werden diese Lernprozesse, wenn man sich die *Entwicklungsprinzipien* vor Augen führt, die den Trigrammen jeweils zugeordnet sind. Die Entwicklungsprinzipien werden häufig auch kurz *Elemente* genannt. Diese Bezeichnung ist jedoch irreführend; sie trifft den Bedeutungsgehalt nicht genau und weckt falsche Assoziationen. Daher verwenden manche Autoren in neuerer Zeit den Begriff *Wandlungsphasen*.

In China unterscheidet man fünf Entwicklungsprinzipien: *Wasser, Holz, Feuer, Erde* und *Metall*.

Bezogen auf die einzelnen Stadien einer Biographie bedeutet das, daß sich die Entwicklung des Menschen wie fließendes Wasser, sprießendes Holz, leuchtendes Feuer, fruchtbare Erde und schneidendes Metall vollzieht.

Bei den drei Entwicklungsprinzipien Holz, Erde und Metall werden jeweils ein Yin- und ein Yang-Aspekt unterschieden. So entspricht jedes der acht Trigramme einem bestimmten Entwicklungsprinzip oder einem Yin- beziehungsweise Yang-Aspekt von ihm. Dem Entwicklungsprinzip Erde wird zusätzlich die Mitte (5) zugeordnet.

Unsere Darstellung der Trigramme als Lebensstufen wird nun wie folgt bereichert:

1 – KAN: Entwicklungsprinzip Wasser

Das Wasser repräsentiert das Gesetz des unaufhörlichen Fließens; mal munter sprudelnd, mal bedächtig strömend findet es seinen Weg. Widerstände können es nicht aufhalten, sie werden einfach umgangen.

Dem Trigramm KAN ist das Entwicklungsprinzip Wasser zu eigen; entsprechend entwickelt sich das Leben im allgemeinen und ganz besonders in dieser Zeit. Manchmal mag es Umwege geben, die wie Irrwege erscheinen. Einige Lebensläufe verlaufen geradliniger, andere nehmen sehr viele Wendungen. Ein Urteil darüber, welches der bessere Verlauf sei, wäre anmaßend.

Der Lernprozeß von KAN als Wasser bedeutet, sich dem Fluß des Lebens anzuvertrauen, mit der Energie mitzugehen und sich nicht mit Macht gegen etwas zu stemmen.

2 – KUN: Entwicklungsprinzip Yin-Erde

KUN, die Erde, ist natürlich dem Entwicklungsprinzip Erde zugeordnet, ebenso wie GEN, der Berg. Aber in Relation zu GEN ist KUN die Yin-Erde. Dies drückt sich auch in der schon erwähnten Trigramm-Eigenschaft »das Empfangende« aus.

KUN als Erd-Trigramm meint auch das Aufnehmen und Sich-Einverleiben dessen, was die Kultur, in der man aufwächst, an Know-how und Leistungen hervorgebracht und an Spielregeln etabliert hat. Das Sorgen und Umsorgtwerden fördert diesen Lernprozeß.

3 – DSCHEN und 4 – SUN: Entwicklungsprinzip Holz

Dem Entwicklungsprinzip Holz ist die Fähigkeit zu eigen, aus einem winzigen Samenkorn einen Baum wachsen zu lassen. Das dauert zwar seine Zeit, geschieht aber wie von selbst. Psychologisch gesehen entspricht dem die Fähigkeit, zielstrebig eine Idee zu verfolgen, einen Plan zu entwerfen, so daß etwas ganz Konkretes, Praktisches daraus wird.

Dem Trigramm DSCHEN entspricht die Yang-Qualität des Entwicklungsprinzips Holz: das rasch in die Höhe sprießende Holz; im Psychischen bedeutet es die zündende Idee, die mit Begeisterung aufgegriffen wird und schnell Konturen bekommt.

SUN hingegen, als Yin-Holz langsam in die Breite wachsend, besitzt die Geduld und die strategischen Fähigkeiten, um diese Idee auch langfristig umzusetzen.

Im DSCHEN-betonten Abschnitt des Lebenslaufes hat man Visionen, entwirft Pläne, verwirft sie wieder und entwickelt neue. In der darauffolgenden SUN-Zeit findet man dann die Ruhe und hat das Augenmaß, sie in die Tat umzusetzen. Je mehr bei diesen Projekten die ureigenen Begabungen zum Tragen kommen, desto besser ist der Erfolg. Man wird für seine Leistung honoriert, und ein gewisser Wohlstand stellt sich ein.

5 – Das Zentrum: Entwicklungsprinzip Erde

Das Zentrum des Lo-Shu-Quadrates – die Mitte des Lebensweges – wird wieder von der Erde repräsentiert. Graphisch drückt man im Feng Shui das Entwicklungsprinzip Erde so aus:

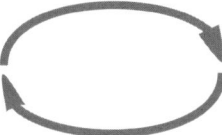

Das Symbol verdeutlicht das Verwerten dessen, was das Leben bisher geboten hat, mit dem Ziel der Aufbereitung für die Zukunft – es symbolisiert das Zerlegen und Neuzusammensetzen, die Reflexion, das Grübeln. Die bohrenden Fragen »Warum, wofür, woher und wohin?« und die Frage nach dem weiteren Lebenssinn sind das, was die Lebensmitte letztlich so wertvoll macht, auch wenn sie als Krise erlebt werden sollte. Es ist eine Zeit der Besinnung – oder sollte eine sein. Vielfach wird sie als »zweite Geburt« bezeichnet. Die Krisensymptome sind dann die Preßwehen für ein erneuertes und erweitertes Verständnis des Daseins in der zweiten Lebenshälfte, in der man einerseits mit der Vergänglichkeit des Körpers konfrontiert wird, andererseits aber auch die Unendlichkeit des seelisch-geistigen Wachstums erahnt.

6 – Kıën und 7 – Duı: Entwicklungsprinzip Metall

Metall ist das Entwicklungsprinzip der nächsten beiden Lebensstufen. Die »Begabung« von Metall ist das Klären von Unklarheiten, das Urteilen und Entscheiden.

Kıën als Yang-Metall, symbolisiert durch das Schwert, bedeutet Entscheiden und Verantworten. Die Endlichkeit vor Augen, gilt es, Prioritäten zu setzen. Es stehen einem zwar immer viele Wege offen, aber nicht mehr alle sind – rein zeitlich gesehen – begehbar. Man muß sich entscheiden, was es zu ergreifen und was es zu lassen gilt.

Duı, Yin-Metall, hat als Symbol die Kugel und drückt die Fähigkeit aus, etwas zu konkretisieren, es auf den Punkt zu bringen. Das Trigramm Duı, das für Heiterkeit und Kommunikation steht, wird vom Yin-Metall darin unterstützt, klar zu sein, ein Gespräch nicht zum Geschwafel ausarten zu lassen.

8 – Gen: Entwicklungsprinzip Yang-Erde

Gen, dem Berg, ist die Yang-Erde beigesellt. Die Scheune ist voll, die Pension gesichert. Man hat einen wahren Schatz an Erfahrungen angesammelt, reflektiert ihn und sortiert: Die Guten ins Töpfchen – damit man selbst und andere sich daran »nähren« können –, die Schlechten ins Kröpfchen – wenn sie erst einmal verdaut sind (nicht verdrängt, sondern aufgearbeitet), werden auch sie zum Erfahrungsschatz. Hiermit wird wieder das Entwicklungsprinzip der Erde deutlich: Auch das scheinbar Schlechte wird letztendlich zu wertvollem Humus umgewandelt.

9 – Li: Entwicklungsprinzip Feuer

Feuer als Entwicklungsprinzip scheidet Materielles von Immateriellen, bringt Licht ins Dunkel, macht die geistige »Substanz« in der Welt der Erscheinungen deutlich.

In dem von Li durchdrungenen letzten Lebensabschnitt wendet man sich dem Geistigen zu, wird zum Parabolspiegel für die Transzendenz und zum Künder eines überweltlichen Seins.
Mit dem (Frucht-)Wasser kommt man in die Welt und mit dem Feuer verläßt man die Welt – was sich in vielen Kulturen auch in dem Ritual der Feuerbestattung widerspiegelt.

Stufen

Wie jede Blüte welkt und jede Jugend
Dem Alter weicht, blüht jede Lebensstufe,
Blüht jede Weisheit auch und jede Tugend
Zu ihrer Zeit und darf nicht ewig dauern.
Es muß das Herz bei jedem Lebensrufe
Bereit zum Abschied sein und Neubeginne,
Um sich in Tapferkeit und ohne Trauern
In andre, neue Bindungen zu geben.
Und jedem Anfang wohnt ein Zauber inne,
Der uns beschützt und der uns hilft zu leben.

Wir sollen heiter Raum um Raum durchschreiten,
An keinem wie an einer Heimat hängen,
Der Weltgeist will nicht fesseln uns und engen,
Er will uns Stuf' um Stufe heben, weiten.
Kaum sind wir heimisch einem Lebenskreise
Und traulich eingewohnt, so droht Erschlaffen,
Nur wer bereit zu Aufbruch ist und Reise,
Mag lähmender Gewöhnung sich entraffen.
Es wird vielleicht auch noch die Todesstunde
Uns neuen Räumen jung entgegensenden,
Des Lebens Ruf an uns wird niemals enden ...
Wohlan denn, Herz, nimm Abschied und gesunde!

Hermann Hesse

Teil 2

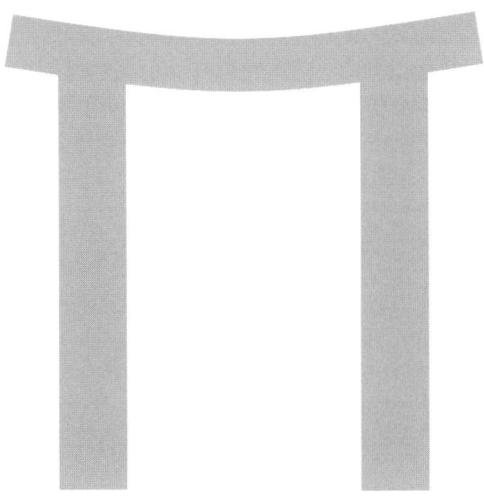

Initiationen

———

Werde, der du bist!

Initiationen

Das Tor zum Geheimen

Der Übergang von der ersten Lebenshälfte zur zweiten kommt einer Initiation gleich, wie es mehrere in unserem Leben gibt. Der Wechsel von der Kindheit ins frühe Erwachsenenalter ist eine Initiation, die noch bei vielen Völkern rituell begangen wird. Die Geburt des ersten Kindes ist für jede Frau eine Initiation in die Mutterschaft. Auch die Priesterweihe und die Aufnahme in eine Ordensgemeinschaft sind Initiationen, zu denen meist wochenlange Exerzitien und Gewissensprüfungen gehören.

Man tritt durch ein Tor in eine bis zu diesem Zeitpunkt noch unbekannte Welt. Karlfried Graf Dürckheim* definiert »initiieren« als »das Tor zum Geheimen öffnen«. Geheim ist das, was unbekannt ist, mit dem man – noch – nicht vertraut ist.

Der im afrikanischen Busch aufgewachsene, in Paris promovierte und in Amerika lebende Malidoma Somé schildert in seinem faszinierenden Buch *Vom Geist Afrikas* Initiationsriten, wie er sie im Alter von 21 Jahren in Burkina Faso (damals Obervolta) persönlich durchlebt hat. Er offenbart als erster afrikanischer Schamane nicht nur die Art der Prüfungen, sondern auch die dabei gemachten Erfahrungen und veränderten Bewußtseinszustände, denen er ausgesetzt war. Einige dieser uns unbekannten Erlebenswelten haben sich ihm nach der Einweihung erhalten und eröffnen ihm Fähigkeiten, die wir als paranormal oder auch magisch bezeichnen. Er ist durch diese Initiation in eine für uns geheimnisvolle, unbekannte Welt eingetaucht, die aber auch äußerst faszinierend ist.

Diesem Initiationsritus unterziehen sich normalerweise die zu Männern heranreifenden Jungen im Alter von 14 Jahren; danach werden sie als erwachsene, vollwertige Mitglieder in den Stamm aufgenommen. Malidoma Somé wurde erst sieben Jahre später initiiert, weil er vom vierten bis zum zwanzigsten Lebensjahr in einem Jesuitenkolleg verweilte, das sich zum Ziel gesetzt hatte, eine Missionstruppe aufzubauen. Aus diesem Kolleg, in

---

* Prof. Karlfried Graf Dürckheim begründete zusammen mit seiner Kollegin und späteren Frau Dr. Maria Hippius die Initiatische Therapie.

dem er eine vorzügliche Bildung genossen hatte, flüchtete er jedoch und kehrte zu seinem Stamm zurück.

Bei den Menschen dieses Stammes galt er nach seiner Rückkehr aus der Missionsschule als »initiiert in die Magie des weißen Mannes«. Die Tatsache, daß er lesen und schreiben konnte, war für sie als Analphabeten einerseits praktisch, weil sie ja mehr und mehr mit der Welt der Weißen konfrontiert wurden, andererseits lösten seine Kenntnisse und Fähigkeiten auch Unbehagen und Furcht aus, weil diese Art der »Magie« ihnen fremd und unzugänglich war. Es gab etliche unter seinen Stammesbrüdern und -schwestern, die ihm deswegen angstvoll aus dem Weg gingen.

Dieses Beispiel verdeutlicht, wie uns nur das als geheim und magisch erscheint, was wir noch nicht kennen. Eine Initiation eröffnet uns also eine Sphäre des Erlebens, die bis zum Zeitpunkt des Durchschreitens unbekannt ist, aber nach einiger Zeit bald vertraut sein wird.
Eine Initiation stellt immer eine seelisch tiefgehende Erfahrung dar, die dazu führt, daß man sich von einigen seiner bisherigen Lebensbezüge verabschiedet. Gewohnheiten verändern sich, und neue Interessen werden wach. Man entwickelt eine neue Art von »Selbst«-Verständnis und betrachtet die Welt mit anderen Augen. An dem sehr prägnanten Beispiel der Mutterschaft wird dies besonders deutlich.

Früher wurden Einweihungstempel gebaut, Initiationsprüfungen und Rituale erdacht, immer mit dem Ziel, den Personen, die sich dazu berufen fühlten, einen Einblick in eine andere Dimension des Menschseins zu vermitteln und sie zu befähigen, aus dieser Initiationserfahrung heraus ihren Alltag bewußt zu gestalten und ihren Mitmenschen mit mehr Weisheit und Güte zu begegnen.

Diese Tempel und Rituale mögen hilfreich sein; aber Initiationen laufen häufig auch außerhalb von Einweihungsstätten und ohne Ritus ab – allerdings nicht bewußt geplant, sondern von einer uns Menschen innewohnenden Instanz ausgehend, die das Beste für die Entwicklung unserer Seele will, analog zur Energie einer Blume, die das Ziel verfolgt, durch Wasser und Erde emporzudringen und an der Sonne zu erblühen. Initiationen können durch seltene Glücksmomente oder durch Krisen ausgelöst werden. Wer einmal an der Schwelle des Todes stand, dies bewußt erlebte und wieder gesund werden durfte, der ist nicht mehr der Alte – er lebt in einem anderen Bewußtsein weiter. Die Bedeutung, die er den einzelnen Aspekten des Lebens gegeben hat, verändert sich.

Ein Teil der einengenden Ichbezogenheit wird losgelassen, und die Beziehungsfähigkeit und das Verständnis für ein Du wächst. Es ist, als ob Scheuklappen wegfallen und der Horizont sich weitet, als würde einem plötzlich bewußt, wie eng einem ums Herz geworden war und wieviel Weite es eigentlich hat.

Wahre Initiationen haben zur Folge, daß man sich den Menschen und der Natur stärker verbunden fühlt, ohne seine Individualität deswegen aufzugeben oder auch nur in Frage zu stellen. Man *lebt* das Leben, konsumiert es weniger; man ist gelassener, aber nicht gleichgültig. Weil man sich mit seiner Umwelt (im weitesten Sinn: Menschen, Tiere, Natur, Gegenstände) zutiefst verbunden fühlt, wird man achtsamer und verantwortlicher.

Es gibt Initiationen, die mit religiösen, geistigen und mystischen Erfahrungen einhergehen, und es gibt die »Alltagsinitiationen« – wie eine Prüfung am Ende einer Ausbildung –, die auf dem Lebensweg liegen und mit denen jeder konfrontiert wird, ob er will oder nicht. Immer bergen sie die Chance für Reifung und geistig-seelisches Wachstum in sich und helfen einem, sich in neuen Lebensabschnitten zurechtzufinden.

Diese Alltagsinitiationen sind nicht weniger wertvoll als die, die das Tor zum Heiler-, Priester- oder Schamanentum öffnen. Die weiteren Ausführungen in diesem Buch sollen dazu beitragen, dies ins Bewußtsein zu rücken.
Man muß nicht der Welt entsagen, um initiiert zu werden. Meditationen und Exerzitien, die im Dienste eines initiatischen Weges (d. h. dem Streben nach Bewußtseinserweiterung) stehen, dürfen nicht Ausdruck von Weltflucht sein. Im Gegenteil: Als Initiierter steht man *in* der Welt und hat Lust, seinen Beitrag aus den Erfahrungen heraus, die das Durchschreiten eines neuen Tores gebracht hat, *für* diese Welt zu erbringen.

Der Oktavsprung in der Lebensmitte ist solch eine Alltagsinitiation. Wer sie nicht meistert, läuft anschließend der verlorenen Jugend hinterher und kompensiert nur noch die mit zunehmendem Alter als immer bedrohlicher erlebten Defizite.
Wer jedoch diese »Lebensprüfung« besteht, erkennt die Schätze, die das Leben unter dem Einfluß von Kıën, Duı, Gen und Lı zu bieten hat. Er ergreift sie, teilt sie und ist auf neue, andere Weise vital, auch wenn er nicht mehr so schnell laufen und so hoch springen kann wie in jungen Jahren. Es wachsen einem neue Fähigkeiten zu, die früher nicht möglich gewesen wären – ein weiteres Erfassen der Wirklichkeit, Weisheit, Güte und eine alles umfassende, durchdringende Liebe. Garantiert sind sie nicht, aber möglich – es kommt auf einen selbst an!

Das initiatische Potential von Krisen

Der Wechsel von der ersten zur zweiten Lebenshälfte geht selten problemlos vor sich. Die Krise in der Lebensmitte ist hinlänglich bekannt, erforscht und beschrieben. Auch andere Phasenwechsel können krisenhaft verlaufen, etwa die Pubertät oder der Eintritt ins Rentenalter. In der westlichen Astrologie spricht man von der ersten Saturnkrise, die im Alter von 28 bis 29 Jahren auftritt (der Planet Saturn benötigt etwa 28 Jahre für einen Umlauf auf seiner Planetenbahn). In der Lebensstufen-Beschreibung nach den Trigrammen markiert die Saturnkrise in etwa den Übergang von DSCHEN (3) zu SUN (4) und ist insofern hilfreich, da sie das ungestüme und unbeherrschte Temperament des Donners zähmt, so daß die stilleren und beständigeren Verhaltensweisen sich entwickeln können. Eine ähnliche Funktion erfüllt die zweite Saturnkrise im Alter von 56 bis 57 Jahren, die oft mit ernsthaften Erkrankungen einhergeht: Sie leitet meist von der lebhafteren DUI- (7) auf die kontemplative GEN-Stufe (8) über.

Krisen liefern die Schubkraft für einen Entwicklungssprung auf eine neue Plattform. Zunächst meint man, den Boden unter den Füßen zu verlieren, man kämpft und rudert wie ein Ertrinkender – auch dies dient der Entwicklung. Im *I Ging* heißt es immer wieder: »Förderlich ist es, das große Wasser zu durchqueren.« Eine Krise kann man eben nicht allein mit dem Kopf bewältigen, die in ihr angelegte initiatische Entwicklung schon gar nicht, sonst wären wir ja alle bereits erleuchtet. »Das Wasser zu durchqueren« heißt, die Tiefe der Gefühlswelt zu durchschreiten. Das Verlassen einer Ebene, das Hinter-sich-Lassen eines Lebensabschnitts bedarf der Trauerarbeit selbst dann, wenn der Schritt in vollem Bewußtsein und aus freien Stücken erfolgt.

Das »Durchqueren des Wassers« symbolisiert diese Trauerarbeit, die notwendig ist, um für die Zukunft emotional frei zu werden. Vergangenes muß – in Dankbarkeit für die erlebten Tage – abgewaschen werden.

Wenn diese Arbeit des Loslassens geleistet worden ist, dann ist der Geist frei, das Neue zu erkennen und zu wagen. Für viele kommt dies einem Sprung durch einen brennenden Reifen gleich. Jedoch ist auch diese Herausforderung in erster Linie emotional. Denn das wahre Risiko ist gering, das Neue ist schon da, es wird einem vom Leben »serviert«.

Nach dem Jawort kommt die Eingewöhnung; den schönsten Flitterwochen folgt der Alltag. Die neue Rolle will gelernt werden, Schwierigkeiten flackern wieder auf. Doch diese Dynamik ist zukunftsgerichtet, will aufbauen, will einen fit machen für das Leben auf der neuen Plattform. Das gibt einem das ins Wanken geratene Selbstvertrauen »erneuert« wieder zurück, das trägt für die nächsten Jahre.

Krisen haben immer initiatischen Charakter. Sie helfen, eine dem Entwicklungsauftrag nicht mehr dienliche, alte Ebene zu verlassen und eine neue zu betreten. Wenn es dann auch noch gelingen sollte, Zwist und Hader – sowohl mit Personen als auch mit »dem Schicksal«, das einen durch »Wasser- und Feuerprüfungen« jagt – loszulassen, dann ist man – in welcher Phase des Lebens auch immer – ein Mensch, der seiner Bestimmung gerecht wird und der sein Potential lebt: sinnstiftend und nutzbringend für sich selbst *und* für seine Mitmenschen.

Der Krisenzyklus

Initiationen, die uns das Leben bietet, werden nicht per Einschreiben und mit Fahrplan angekündigt, so daß man sich darauf einstellen könnte. Die Zeitspanne, in der ein Initiationsprozeß abläuft, wird als krisenhaft und chaotisch erlebt. Und doch läßt sich ein Zyklus beobachten, der diesen Wandlungsprozessen zugrunde liegt.

Dem Mythenforscher Joseph Campbell *(Der Heros in tausend Gestalten)* ist es zu verdanken, diesen Zyklus in seiner Struktur und Vielschichtigkeit beschrieben zu haben, indem er die den Mythen und Märchen innewohnende Symbolik herausarbeitete und entdeckte, daß sie in ihrer Essenz vergleichbar sind.

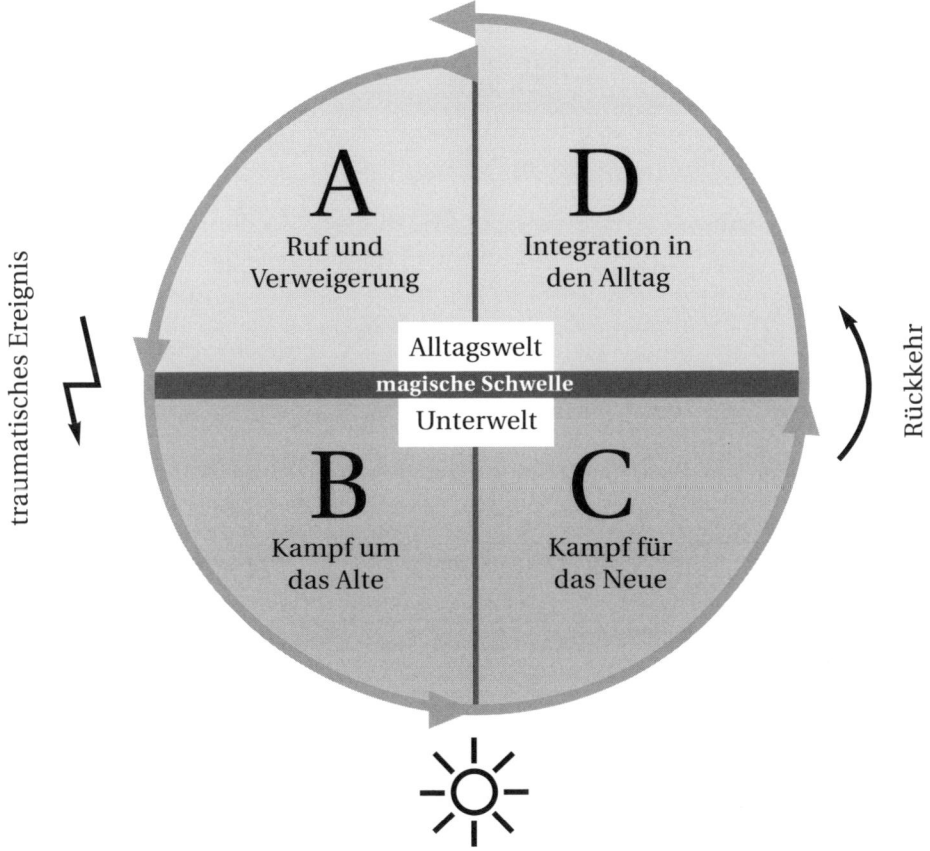

Wende – »Mystische Hochzeit«

An folgendem Märchen soll der Krisenzyklus veranschaulicht werden:

A: Ruf und Verweigerung

Der Held, ein Königssohn, lebt ein herrliches, beschauliches Leben am väter-
lichen Hofe. Er geht auf die Jagd, zu Turnieren und stellt den Schönen seines
Reiches nach – er führt das Leben eines Playboys.
Eines Tages verirrt er sich im Wald. Welchen Weg er auch nimmt, er findet
nicht heraus, immer wieder landet er an derselben Stelle oder gerät noch tie-
fer in das ihm unbekannte Dickicht. Als er schon ganz am Verzagen ist, taucht
ein räudiger Fuchs auf, der zu seinem Erstaunen sprechen kann und ihn aus
dem Wald lotst. Bevor der Fuchs aber im Dickicht verschwindet, ermahnt er
ihn eindringlich, sein Leben zu ändern; die Zeit der sorglosen Spiele und un-
verfänglichen Abenteuer sei vorbei. Unser Held ist aber ob dieser Ermahnung
sehr erbost, und anstatt sich beim Fuchs für die Hilfe zu bedanken, schleudert
er einen Stein nach ihm.
Diese Szene wiederholt sich noch zweimal: Der Jüngling verirrt sich, der
Fuchs hilft und ermahnt, wird aber verjagt.

Die Botschaft dieses ersten Teils eines Märchens ist eindeutig. Jede Lebensphase hat zu ihrer Zeit ihren Sinn, so wie in diesem Beispiel die spielerische
Erprobung von Kraft und Geschicklichkeit. Es kommt jedoch die Zeit, da
man sich auf Neues besinnen sollte, und es geschehen Ereignisse, die dies
signalisieren. Da wir aber gerne in der Weise, wie wir uns arrangiert haben,
verweilen möchten und Veränderungen scheuen, hören wir den Ruf nicht
oder verdrängen ihn möglichst schnell.

Das traumatische Ereignis: Übergang von A nach B

In unserem Märchen kommt der Königssohn nun nach Hause und erfährt,
daß sein Vater schwer erkrankt ist. Keiner der herbeigerufenen Ärzte und Me-
dizinmänner kann ihm helfen. Nur ein uraltes Kräuterweiblein weiß Rat: Sie
kennt ein Elixier, das Heilung bringen könnte, doch dieses Elixier, das in ei-
nem höchst aufwendigen und geheimgehaltenen Verfahren aus ganz selte-
nen Kräutern gewonnen wird, gibt es nur in einem Königreich am anderen
Ende der Welt. Es wird sorgsam wie ein Schatz gehütet, und es bedarf einer
langen und gefährlichen Reise, um dorthin zu gelangen.

Dem Königssohn kommt nun die Aufgabe zu, sich um dieses Elixier zu bemü-hen. Mit kostbaren Geschenken ausgestattet und von den drei tapfersten Rit-tern des Reiches begleitet, macht er sich auf den Weg.

In unserem Alltag ist das traumatische Ereignis typischerweise eine plötzli-che Erkrankung, das Ende einer Beziehung, der Verlust materieller Sicherheit, ein Unfall oder Todesfall im Familien- oder Freundeskreis – auf alle Fälle ein Ereignis, das uns zutiefst betroffen macht und uns zwingt, ernsthaft und selbstkritisch über das Leben nachzudenken. Wie das Sprichwort sagt: »Wer nicht hören will, muß fühlen.« Nun stehen wir vor einer Herausforderung, der wir nicht mehr entweichen können.

Campbell bezeichnet es als das Überschreiten der magischen Schwelle. Im Märchen ist dies die Schwelle zu einem Zauberwald, in ein fremdes Land, zur Unterwelt. Immer also ein Bereich, der uns unbekannt erscheint und in-nerhalb dessen wir mit Situationen konfrontiert werden, die für uns neu und gefährlich sind.

B: Kampf um das Alte

Die Reise ans andere Ende der Welt erfordert Kampf. Jetzt ist es kein spielerischer Umgang mit den Kräften mehr, kein Jagdausflug, kein Ritterturnier, dessen Spiel-regeln wohlvertraut sind. Es geht um Leben oder Tod. Unser Held wird zum ers-tenmal ernsthaft in die Knie gezwungen, seine Gefährten werden im Hinterhalt getötet, die Schätze geraubt. Allein, mittellos und mit zerrissenen Kleidern ge-langt er an sein Ziel. Er kann sich noch nicht einmal als der rechtmäßige Sohn seines schwer erkrankten Vaters ausweisen. Der König, der das lebensrettende Eli-xier besitzt, ist natürlich mißtrauisch und wenig geneigt, es ihm zu überlassen.
Er gibt ihm jedoch eine Chance: Er soll ihm ein geflügeltes Zauberroß besor-gen. Es ist im Besitz seines Feindes und wird strengstens bewacht. Wenn ihm das gelänge, so wäre es ein Beweis für seine Herkunft, und er könne etwas von dem Elixier erhalten. Der Königssohn willigt ein, ist aber ziemlich ratlos, wie er diese Aufgabe meistern soll.
Da geschieht etwas Unerwartetes! Der Fuchs taucht plötzlich auf und bietet sich wieder als Helfer an. Er führt ihn zu dem Ort, an dem das Roß gehalten wird, kundschaftet alles aus und sagt ihm genau, wie er vorgehen muß. Dabei spricht er eine Warnung aus: Der Königssohn soll das Zaumzeug, so kostbar es auch sein mag, nur ja im Stall lassen. Als unser Held es jedoch erblickt, ist

er so fasziniert von dem mit Gold und Edelsteinen besetzten Geschirr, daß er darauf nicht verzichten will. Da scheut das Pferd, streift mit dem Zaumzeug den Torpfosten, und der Lärm, der dadurch entsteht, ruft die Wächter auf den Plan, die ihn gefangennehmen.
Wieder erhält er eine Chance: Man verspricht ihm das Pferd, wenn er dafür einen begehrten, sprechenden Vogel bringt. Erneut hilft ihm der Fuchs, und erneut macht unser Held den Fehler, daß er den Vogel zusammen mit dem goldenen Käfig raubt, entgegen der eindringlichen Warnung seines Helfers. Natürlich wird er dabei ertappt.

Unser Held muß nun lernen, das Wesentliche von dem Unwesentlichen zu unterscheiden. Der Wandel der Zeit erfordert eine Umorientierung der Werte. Nicht für kostspielige Statussymbole soll er kämpfen, sondern für die »Ent-Wicklung« innerer Werte.
Märchen und Mythen teilen uns in aller Deutlichkeit mit, daß nur der heil nach Hause kommt, der das begriffen hat und die entsprechenden Prüfungen meistert.

Die Wende: Einsicht – Befreiung – »Mystische Hochzeit«

Bei der dritten Bewährungsprobe hat unser Held die Lektion gelernt. Er befreit eine Prinzessin, ohne das Diamantendiadem mitgehen zu lassen.

Die Symbolik ist einfach: Wir verlieren ein Stück Ichbezogenheit, öffnen uns für Neues, werden reifer und weiser. Die Prinzessin steht für Zuwendungs- und Liebesfähigkeit, also für menschliche Werte. Campbell nennt diesen Schritt »Mystische Hochzeit« und meint damit die Verbindung mit etwas Immateriellem. Dieser Punkt entspricht der Mitte (5) auf dem Lo-Shu-Weg.

Dieser entscheidende Wendepunkt im Krisenzyklus ist immer auch ein Schritt zur besseren Integration von weiblichen und männlichen Energien, von Yin und Yang. Überwiegt bis dahin die männliche Energie, dann hat sie ein Stück Dominanz zu opfern und muß den weiblichen Qualitäten mehr Raum geben, um sich weiterentwickeln zu können. Umgekehrt gilt es für die bislang dominante weibliche Energie, das Positive am Männlichen zu erkennen und in sich leben zu lassen.

C: Kampf für das Neue

Mit der Befreiung der Prinzessin ist es noch nicht getan. Der Held befindet sich noch in Feindesland, der Weg zurück muß erst gefunden und bewältigt werden. Viele Gefahren lauern auf ihn. Die Braut wird geraubt, und er muß sie sich wieder zurückerobern. Oft wird er in Versuchung gebracht und muß lernen zu widerstehen.

Diesmal ist der Kampf ein anderer. Jetzt weiß er, *wofür* er kämpft; er trägt ja ihren Ring schon am Finger. Er kämpft für das Neue, für die Zukunft. Vorher kämpfte er *gegen* die Herausforderungen und Veränderungen, wollte am Alten festhalten.

Im übertragenen Sinne bedeutet das: Wenn wir etwas Wesentliches begriffen haben, wenn uns eine entscheidende Einsicht kam, dann müssen wir sie uns erst noch erarbeiten. Es besteht durchaus die Gefahr, daß wir das Neugewonnene wieder verlieren.

Bedrängnisse und Versuchungen lassen uns so manchen guten und ehrlich gemeinten Vorsatz wieder vergessen. Diese Prüfungen sind wichtig. Sie helfen uns, die neuen Werte zu verinnerlichen und zu festigen.

Die Rückkehr über die magische Schwelle

Hat der Held alle Prüfungen bestanden, so tritt er die Heimreise an. Überraschenderweise nicht nur mit der Prinzessin im Arm, sondern auch im Besitz des sprechenden Vogels, des geflügelten Pferdes und des lebenspendenden Elixiers.

Sie alle symbolisieren Fähigkeiten, die ihm zu Beginn seiner Reise als unglaublich erschienen waren, die sich aber nun – dank der vollzogenen inneren Wandlung – in ihm entwickelt haben.

D: Integration in den Alltag und Meisterschaft

Der alte König – immer noch zwischen Leben und Tod schwebend – erblickt seinen wieder heimgekehrten Sohn, schaut ihm tief in die Augen, drückt ihm die Hand, trinkt das Elixier und ward gesund. So qualvoll die lange Zeit des

Siechtums war, er ist nun mit sich und der Welt in Frieden. Er übergibt das Zepter seinem Sohn. Aus dem jugendlichen Müßiggänger ist ein gereifter Mann geworden. Jetzt hat der Vater die Gewißheit, daß sein Königreich in den besten Händen liegt.

Die Integration in das normale Leben will erst noch geleistet werden. Aber es geht einfacher, als man zunächst befürchtet hat. Schwierigkeiten werden jetzt gut gemeistert. Die Klarheit, die man ausstrahlt, wirkt von sich aus überzeugend. Man ist gereift und im Einklang mit den Erfordernissen des Alltags, seines Alters und der Zeit. Schließlich erlangt man Meisterschaft (der Held wird König) und sorgt dafür, daß andere in ihrer Entwicklung ebenfalls voranschreiten können.

Wenn man glaubwürdig ist, wird man dank der Erfahrungen, die man auf dem eigenen Entwicklungsweg gemacht hat, selbst zum Helfer, Wegbereiter und Begleiter für andere.

Beispiel für einen Krisenzyklus im Alltag

Herr Meyer ist ein erfolgreicher Manager, voller Ideen, immer verplant, selten zu Hause. Er klagt zwar, daß er viel zu tun hat, aber er klagt mit Lust und um zu demonstrieren, wie erfolgreich er ist. Er kauft seiner Frau ein Cabrio, sich den neuesten Mercedes und den Kindern ein Moped und ein Reitpferd. Damit er nur ja fit bleibt, geht er joggen – schließlich will er sich seine Dynamik bis ins hohe Alter bewahren.

Der Ruf erreicht ihn von zwei Seiten. Zum einen verspürt er Herzstechen, doch er mißt dem keine Bedeutung zu: »Ein starker Indianer kennt keinen Schmerz.« Zum anderen klagt seine Frau, daß er so selten zu Hause ist, schon 20 Urlaubstage vor sich herschiebt und daß die Kinder in ihren schulischen Leistungen nachlassen. Unser Manager rechtfertigt sich mit der Notwendigkeit, Karriere zu machen, und engagiert einen Nachhilfelehrer.

Plötzlich ereilt ihn ein Herzinfarkt – er landet auf einer Intensivstation! Er ist in einer für ihn magischen, weil fremden Welt, fühlt sich besiegt, abhängig von der Gnade anderer und gequält von grüngewandeten Gestalten mit Kanülen, Spritzen und Schläuchen. So wie er sich im Kindergartenalter die Hölle vorgestellt hat, so erlebt er sie jetzt. Es geht um sein Leben. Kaum fühlt er sich auch nur ein klein wenig besser, will er wieder – viel zu früh –

arbeiten, läßt sich von seiner Sekretärin den Computer ans Krankenbett bringen; Ärzte und Schwestern haben alle Mühe, ihm die Arbeit auszureden, denn ein Reinfarkt droht. Je mehr der Manager an seinen bisherigen Werten, Glaubens- und Verhaltensmustern festhält, desto größer wird die Gefahr. Sie ist um so geringer, je eher es ihm gelingt, sein Leben neu zu begreifen und auch tatsächlich zu gestalten, die Yin-Anteile in sich zu achten, zu entwickeln und sie leben zu lassen.

Wenn ihm dies schließlich auch im Alltag mühelos gelingt, verbessert sich seine Beziehung zu seiner Frau, seinen Kindern und sicher auch zu seinen Mitarbeitern, weil er weniger forsch und verbissen seine Ziele verfolgt. Er fühlt sich inspiriert, ist kreativ und entwickelt ein Maß an Intuition, das die Umwelt staunen läßt.

Musikalische Analogie: Thema mit Variationen

Musikliebhaber können das grundlegende Muster des Krisenzyklus sehr schön in der musikalischen Form »Thema mit Variationen« nachvollziehen. Zunächst wird das Thema vorgestellt: Man hört die Melodie, den Rhythmus – der Charakter des musikalischen Wesens stellt sich vor. In den einzelnen Variationen macht es unterschiedliche, meist dramatische Entwicklungen durch, manchmal ist das Thema kaum wiederzuerkennen. Zum Schluß jedoch erstrahlt es in voller Schönheit – viel klarer, runder und gereifter als am Anfang.

Werde, der du bist!

Der Wesenskern

Die soeben aufgezeigte musikalische Analogie veranschaulicht, daß der Sinn all dieser krisenhaften Reifungsprozesse darin besteht, den jedem Menschen eigenen Wesenskern in seiner höchsten Qualität zu entfalten. Mit diesem Wesenskern kommt jeder Mensch auf die Welt, er leuchtet schon beim Kleinkind auf, ist aber zunächst noch ungeschliffen. Das Leben mit all seinen Herausforderungen will aus diesem Rohling einen Edelstein machen, es hat die Intention, das volle Potential zur Entfaltung zu bringen.

Auf dem Tor, durch das Pilger das antike Heiligtum von Delphi betraten, stand der berühmte Satz »Erkenne dich selbst«. Aus derselben Epoche stammt der Spruch »Werde, der du bist« (Pindar). Diese beiden Aufforderungen weisen auf ein Bewußtsein hin, das in jedem Menschen etwas Göttliches sah.

Der bereits zitierte Psychologe Karlfried Graf Dürckheim spricht vom »doppelten Ursprung des Menschen«. Der eine Ursprung liegt in der Immanenz, also in der uns physisch faßbaren Welt, der andere in der Transzendenz. Wenn der Mensch sich nur seines weltlichen Seins bewußt ist, dann kommt er über das Streben nach Besitz, Genuß, Geltung und Macht kaum hinaus. Zum Menschsein gehört es, diese Egozentrik zu überwinden, Liebes- und Hingabefähigkeit zu entwickeln und sich in den Dienst einer Sache, eines Werkes, einer Gemeinschaft zu stellen. Damit erst unterscheidet er sich vom Tier.

Der Wesenskern ist für Dürckheim der Kern des Menschen, durch den er an der überweltlichen Wirklichkeit des universellen, göttlichen Geistes teilhat. Das Wesen ist die Weise, in der das überweltliche Sein in einem Menschen anwesend ist, sich durch ihn ausdrückt und aktiv an der Gestaltung der Welt mitwirken möchte (Karlfried Graf Dürckheim: *Der Weg, die Wahrheit, das Leben*).

Dieses Denken finden wir auch in der dem *I Ging* und Feng Shui zugrundeliegenden Kosmologie.

Die weiteren Ausführungen basieren auf folgenden Grundannahmen:

- Die acht Trigramme des *I Ging* beschreiben acht Seinsweisen des Sich-Ein-bringens, Gestaltens, Dienens, des aktiven Teilhabens am Weltgeschehen.

- Der jedem Menschen immanente Wesenskern kann einer dieser acht Seinsweisen zugeordnet werden. Somit läßt sich eine achtfältige »Tri-gramm-Typologie« erstellen. Die einzelnen »Wesenstypen« lassen sich fol-gendermaßen benennen: KIËN: »der Himmelsstürmer, der Unternehmer«, KUN: »die Erdmutter«, DSCHEN: »der Erneuerer«, SUN: »die auf stille Weise Zielstrebige«, KAN: »die Seelenführerin«, LI: »der Lichtbringer«, DUI: »die Moderatorin«, GEN: »die Buddha-Natur«.

- Im Lebenslauf ist die Intention angelegt, diesen Wesenskern »zum Strah-len« zu bringen, damit jeder Mensch – den nur auf sich gerichteten Ego-ismus überwindend – sein Potential des Mitwirkens an der Schöpfung entfalten kann.

- Der Prozeß der »Veredelung« beziehungsweise »Ent-Wicklung« des Poten-tials folgt dem archetypischen Muster des Krisenzyklus.

- Für jeden Trigramm-Wesenstyp läßt sich ein Reifungsweg beschreiben, der acht Phasen durchläuft. Diese acht Phasen lassen sich mit Hilfe be-stimmter Kombinationen von je zwei Trigrammen – also durch Hexa-gramme – charakterisieren.

- Die Positionierung des Hauses beziehungsweise der Wohnung in den acht Himmelsrichtungen unterstützt die darin wohnenden Menschen bei der Meisterung einer dieser Reifungsphasen in ganz besonderer Weise (siehe Kapitel »Die Sitzposition der Wohnung« in Teil 4 des Buches).

Zur besseren Orientierung sei hier erwähnt, daß der *Wesenskern* nicht mit dem *Temperament* einer Person verwechselt werden darf. Dies wird eher durch das Tier des *chinesischen Zodiaks* erfaßt: Ein Metall-Tiger, ein Erd-Schwein und ein Feuer-Pferd sind beispielsweise in ihrem Ver-halten den Mitmenschen gegenüber durchaus unterschiedlich, auch wenn ihr Wesenskern durch ein und dasselbe Trigramm beschrieben werden kann.

Auch die gemeinsame Betrachtung von Wesenskern und der durch das Tierkreiszeichen charakterisierten Emotionalität beschreibt noch nicht die gesamte Persönlichkeit. Da beide aus dem Geburts*jahr*, unter Vernachlässigung von Geburtsmonat, -tag und -stunde, ermittelt werden, hätten sonst alle innerhalb eines Jahres geborenen Menschen dieselbe Persönlichkeit.

Wollte man – unter Nutzbarmachung der im chinesischen Denken verwurzelten Wissenschaften – eine Charakterkunde entwickeln, mit deren Hilfe differenzierte und unverwechselbare Persönlichkeitsbeschreibungen (mit Einbeziehung des hier beschriebenen Wesenskerns) möglich wären, so müßte man unbedingt die Aussagen der Traditionellen Chinesischen Astrologie und auch der Traditionellen Chinesischen Medizin berücksichtigen. Dieses Unterfangen würde zu einem mehrbändigen Werk führen, wenn man bedenkt, welche Seitenumfänge allein die im deutschen Sprachraum erschienenen einschlägigen Veröffentlichungen haben (Leon Hammer: *Psychologie & Chinesische Medizin;* Manfred Kubny: *Traditionelle chinesische Astrologie* sowie *Traditioneller chinesischer Mondkalender;* Dorothea Lau: *Chinesische Astrologie*).

Die Trigramme – als im Dienste einer Persönlichkeitstypologie stehend – spielen auch im *japanischen Nine-Star-Ki* eine erhebliche Rolle. Im Vergleich mit der im chinesischen Feng Shui gebräuchlichen Praxis bei der Ermittlung des persönlichen Trigramms ergeben sich jedoch nicht unwesentliche Unterschiede. Für das vorliegende Buch wurde konsequent die chinesische Betrachtungsweise übernommen.

Die Trigramm-Wesenstypen

Jeder Mensch hat seinem Wesen nach an einer der acht Trigramm-Qualitäten teil. Zu welcher von ihnen er gehört, läßt sich an Hand des Geburtsdatums bestimmen. Die »Tabelle zur Bestimmung des persönlichen Trigramms« im Anhang dieses Buches gibt darüber Aufschluß. Dort ist auch die Formel aufgeführt, mit deren Hilfe das Trigramm selbst errechnet werden kann.

Die trigrammtypischen Wesensmerkmale einer Person sind bereits in den bisherigen Beschreibungen angeklungen und werden in den nächsten Kapiteln nochmals ausführlich dargestellt.

Das »Werde, der du bist«, die Herausbildung des Wesenskerns, die Entwicklung und Entfaltung des Potentials zu seiner höchsten, »himmlischen« Qualität braucht natürlich seine Zeit. Es bedarf der Lehr- und Wanderjahre, die nach dem archetypischen Muster des Krisenzyklus ablaufen können. Aber die Mühe lohnt! Das Ziel dieser Wanderschaft ist im *I Ging* unter den Hexagrammen beschrieben, die eine Verdopplung des jeweiligen Trigramms darstellen (siehe folgende Seite).

In den ausführlichen Beschreibungen und Kommentaren, die jedes Hexagramm erläutern, wird das Ziel des Entwicklungsweges deutlich. Bei Li (Hexagramm Nr. 30) steht beispielsweise:
»Die Helle erhebt sich zweimal: das Bild des Feuers. So erleuchtet der große Mann durch Fortsetzung dieser Helle die vier Weltgegenden.«
Im weiteren Kommentar steht:
»Der große Mann setzt das Werk der Natur in der Menschenwelt fort. Durch die Klarheit seines Wesens bewirkt er, daß das Licht immer weiter sich verbreitet und immer mehr das Menschenwesen innerlich durchdringt.«

Im folgenden sind die den acht Trigrammen entsprechenden Doppelzeichen-Hexagramme und ihre Numerierung im *I Ging* aufgelistet:

Trigramm		**Hexagramm**		
KIËN		Nr. 1: KIËN		»Das Schöpferische, der Himmel«
KUN		Nr. 2: KUN		»Das Empfangende, die Erde«
DSCHEN		Nr. 51: DSCHEN		»Das Erregende, der Donner«
SUN		Nr. 57: SUN		»Das Sanfte, der Wind«
KAN		Nr. 29: KAN		»Das Tiefgründige, das Wasser«
LI		Nr. 30: LI		»Das Haftende, das Feuer«
DUI		Nr. 58: DUI		»Das Heitere, der See«
GEN		Nr. 52: GEN		»Das Stillehalten, der Berg«

Der fahrende Geselle

Für jede Trigramm-Wesenheit läßt sich nun ein Entwicklungsweg beschreiben, der zur reinsten und schönsten Ausprägung der ihr ureigenen Trigramm-Qualität führt. Die Entwicklung zum eigenen Doppelzeichen-Hexagramm führt durch alle Himmelsrichtungen. Diese Himmelsrichtungen werden in diesem Buch – in ihrer Eigenschaft als Stationen der Entwicklung und Reifung – als »*Himmelspaläste*« bezeichnet.

In jedem Hexagramm repräsentiert das untere Trigramm die Person (als Trigramm-Wesenstyp, z. B. Li) und das obere den jeweiligen Himmelspalast.

Die Trigramm-Natur ist also wie ein fahrender Geselle, der auf seinen Lehr- und Wanderjahren in den verschiedenen Himmelspalästen seine Erfahrungen sammelt, bis er im »eigenen« Himmelspalast angekommen ist.

Alle acht Hexagramme, die dasselbe untere Trigramm aufweisen, beschreiben somit die acht Erfahrungsfelder, die für diese – vom unteren Trigramm repräsentierte – Trigramm-Wesenheit typisch sind.

Beispiel: Die Erfahrungsfelder des Li-Wesenstyps (hier nach Himmelsrichtungen angeordnet):

Li im O (Dschen)	Nr. 55		»Die Fülle«
Li im SO (Sun)	Nr. 37		»Die Sippe«
Li im S (Li)	Nr. 30		»Das Haftende, das Feuer«
Li im SW (Kun)	Nr. 36		»Die Verfinsterung des Lichts«
Li im W (Dui)	Nr. 49		»Die Umwälzung«

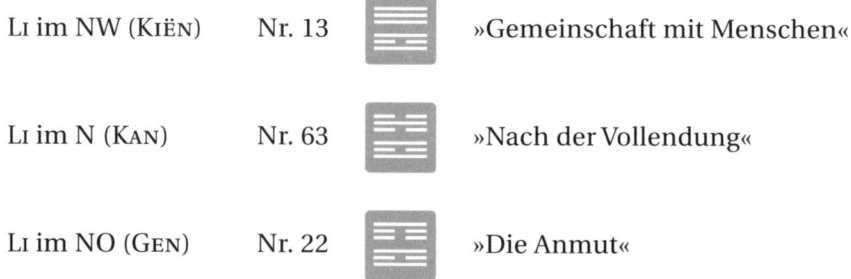

Lι im NW (Kιën)   Nr. 13   »Gemeinschaft mit Menschen«

Lι im N (Kan)   Nr. 63   »Nach der Vollendung«

Lι im NO (Gen)   Nr. 22   »Die Anmut«

Ordnet man die Hexagramme im Kreis der Himmelsrichtungen, so ergibt sich das folgende Bild:

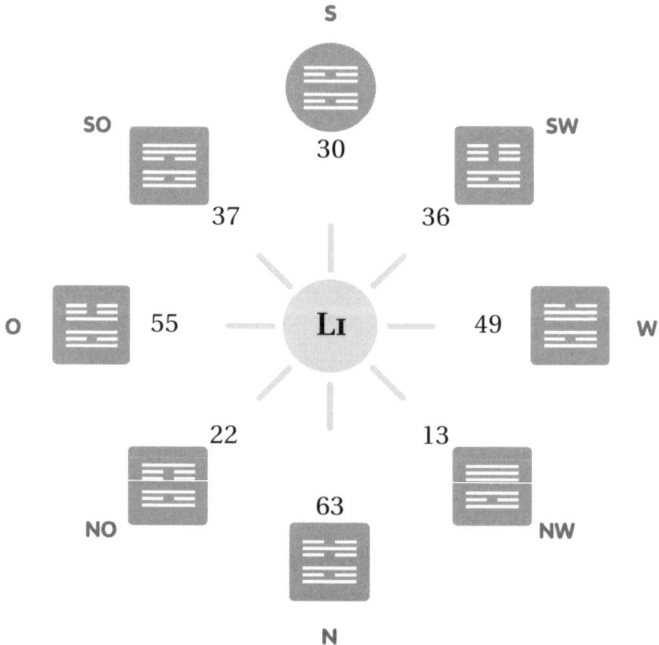

Jeder Trigramm-Wesenstyp durchläuft auf seiner Wanderschaft die einzelnen Himmelspaläste in einer ganz bestimmten Reihenfolge, die im nächsten Kapitel erklärt wird.

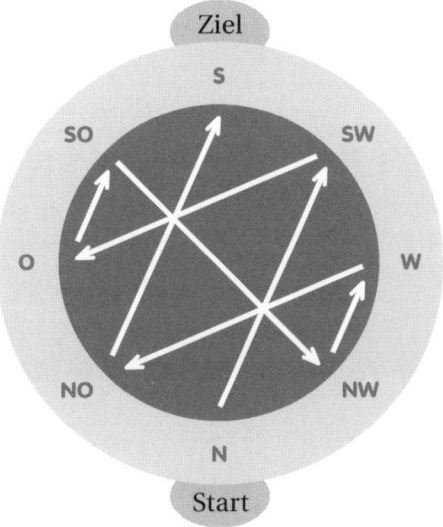

Das Siegel des Saturn

Im Feng Shui kennt man ein Bewegungsmuster, das als »Siegel des Saturn« bekannt ist und folgendermaßen aussieht:

Betrachtet man von der Erde aus den Verlauf des Planeten Saturn, so zeichnet er diese Linienfolge ans Firmament. Das Bewegungsmuster ähnelt sehr der Zahlenfolge auf dem Rückenpanzer der Lo-Shu-Schildkröte (siehe Kapitel »Die Schildkröte des Flusses Lo«), allerdings mit dem Unterschied, daß die Mitte keine eigene Zahl (im Lo-Shu-Quadrat die 5) bekommt und damit auch nicht als Phase gewertet wird. So kennt also der Weg des Saturn *acht* Stationen gemäß den acht Himmelsrichtungen, die er nacheinander aufsucht. Bei der Schildkröte waren es – inklusive Mitte – *neun* Felder.

Der Planet Saturn gilt in der westlichen Astrologie als derjenige, der Grenzen setzt, der diszipliniert. Vor ihm hat jeder Astrologiegläubige Respekt. Wenn man ihm im Laufe seines Lebens begegnet, drohen Unglücksfälle, Krankheiten und Schicksalsschläge. Seinen Schrecken verliert er allerdings, wenn man das Leben von einem initiatischen Blickwinkel her betrachtet. Dann weiß man, daß ein Entwicklungssprung ansteht und daß Saturn in einer Welt des steten Wandels helfen will, diesen Prozeß im Dienste der Veredelung des Wesens voranzutreiben.

Jedes Trigramm hat auch Eigenschaften, die nicht positiv zu werten sind, sondern Schattenseiten darstellen. Beispielsweise kann DSCHEN, das Erregende, es mit dem Donnern übertreiben und sehr anstrengend sein; KUN, das Empfangende, ist der Versuchung ausgesetzt, das, was es empfangen hat, nicht mehr hergeben zu wollen, und GEN, der Berg, wird schnell stur und unbeweglich.

> Der Initiationsweg unter dem »Siegel des Saturn« hilft, diese negativen Eigenschaften ins Positive zu transformieren, damit sich der Trigramm-Wesenstyp zur vollen Blüte entwickeln kann.

Die Beginn dieses Initiationsweges (1. Phase) liegt immer in der dem eigenen Trigramm gegenüberliegenden Himmelsrichtung. Für die Trigramm-Natur LI (Süden) ist das der im Norden liegende Himmelspalast KAN. Die anderen Himmelsrichtungen werden anschließend nach dem als »Siegel des Saturn« bezeichneten Bewegungsmuster angesteuert.

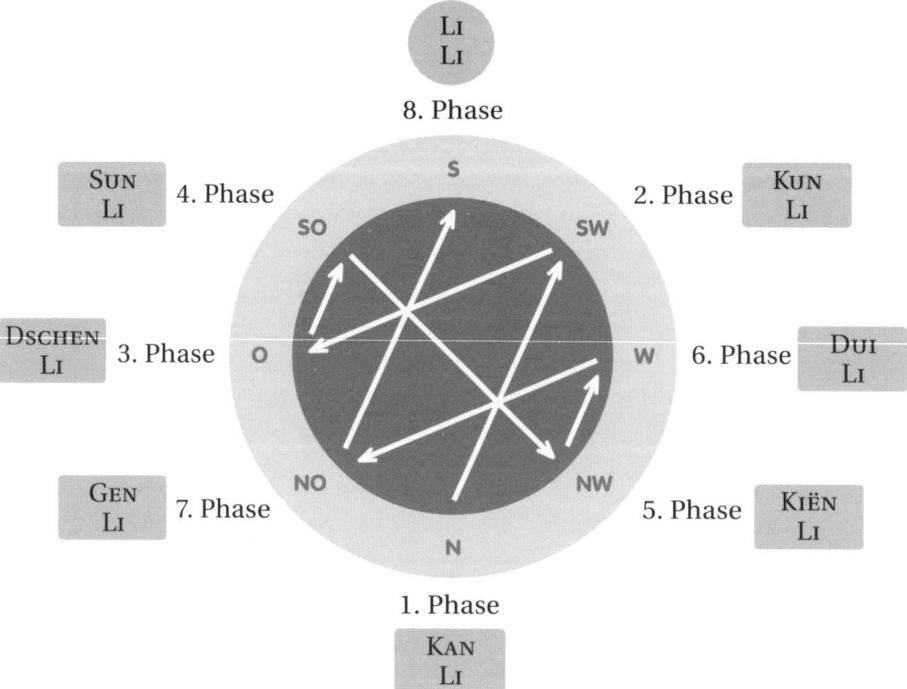

Das untere Trigramm bezeichnet den Wesenstyp, das obere den jeweiligen Himmelspalast.

Die im Sinne eines Initiationsweges von LI stimmige Reihenfolge der Hexagramme lautet nun folgendermaßen:

1. Phase	LI im N (KAN)	Nr. 63		»Nach der Vollendung«
2. Phase	LI im SW (KUN)	Nr. 36		»Die Verfinsterung des Lichts«
3. Phase	LI im O (DSCHEN)	Nr. 55		»Die Fülle«
4. Phase	LI im SO (SUN)	Nr. 37		»Die Sippe«
5. Phase	LI im NW (KIËN)	Nr. 13		»Gemeinschaft mit Menschen«
6. Phase	LI im W (DUI)	Nr. 49		»Die Umwälzung«
7. Phase	LI im NO (GEN)	Nr. 22		»Die Anmut«
8. Phase	LI im S (LI)	Nr. 30		»Das Haftende, das Feuer«

Dieses Bewegungsmuster ist auch für die Wege der anderen Wesenstrigramme gültig. Die erste Phase liegt immer gegenüber der Himmelsrichtung, die dem Wesenstrigramm zugeordnet ist. Diese dem Wesenstrigramm eigene Himmelsrichtung stellt das Ziel dar – die achte und letzte Phase, den eigenen Himmelspalast.

Der Moment der Wandlung – der »Mystischen Hochzeit« im Sinne des Krisenzyklus – vollzieht sich zwischen der 4. und 5. Phase (siehe Seite 87). Es handelt sich um einen Moment des Begreifens. Dieser wird in den ersten vier Phasen vorbereitet – da »dämmert« es einem in gewissem Sinne schon – und kann in den nächsten vier Phasen klarer werden. Hat man seine Lektion nicht gelernt, bleibt man hängen oder fällt sogar wieder zurück.

Ist ein Zyklus vollständig durchlaufen, so stellt sich eine tiefe innere Zufriedenheit, ein Glücksgefühl ein. Es sind dies die »Hoch-Zeiten« des Lebens, die man in vollen Zügen genießt, für die man dankbar ist, in denen sich vieles wie von selbst zu fügen scheint. Auf dieser Plattform läßt es sich gut leben. Doch nach einiger Zeit geht es einem wie nach drei Wochen Strandurlaub, in denen man sich gut erholt hat: Man freut sich auf die nächste Herausforderung! Und so kann ein neuer Initiationsweg beginnen, diesmal auf einem höheren Niveau.

Gerade das Wissen um solche Herausforderungen und das Vertrauen, daß sie der Weiterentwicklung dienen, kann das Durchwandern eines Zyklus, das Meistern einer Initiation erleichtern.

Die hier eingeführten acht Reifungsphasen sind *nicht* deckungsgleich mit den in früheren Kapiteln beschriebenen neun Lebensstufen bzw. -abschnitten (siehe »Der Weg des Lo-Shu-Helden«):

- Die dort veranschaulichten *neun Lebensstufen des Lo-Shu-Helden* sind chronologisch in den Lebenslauf eines Menschen einzuordnen und bewegen sich zwischen Jugend und Alter. Ihre Abfolge ist stets dieselbe: von KAN (1) bis LI (9).

- Die *acht Reifungsphasen nach dem »Siegel des Saturn«* dagegen weisen für jeden Wesenstyp eine andere Reihenfolge auf. Vor allem aber ist bei den Entwicklungswegen der acht Phasen die Zeitdimension nicht festgeschrieben, und die Phasenfolge kann in verschiedenen Lebensbezügen (Beruf, Familie usw.) unterschiedlich schnell ablaufen (siehe Kapitel »Wo stehe ich gerade?«).

In den nun folgenden Kapiteln werden die initiatischen Entwicklungswege der acht Trigramm-Wesenstypen detailliert beschrieben.

Teil 3

Die acht Wesenstypen und ihre Reise zu sich selbst

———

Wo stehe ich gerade?

Die acht Wesenstypen und ihre Reise zu sich selbst

Kïën

Der Himmelsstürmer, der Unternehmer

Himmel – das Schöpferische – Vater – Kopf
Nordwesten – Frühwinter – Mentor

Das Wesen

Das Trigramm Kïën ist das Urbild des alles umspannenden Himmels (Franciscus Adrian). Es steht für die Kraft des Schöpferischen, für die Lust, Initiative zu ergreifen und damit Leben und Lebendigkeit zu erzeugen. Innerhalb der »Trigramm-Familie« repräsentiert Kïën den Vater als Autorität, die alles überblickt, der nichts entgeht.

Der Mensch, der im Zeichen Kïën geboren ist, trägt dieses gewaltige Potential in sich. Er ist zum Herrscher geboren, zum Regisseur, der seine Welt gestaltet. Um aber in diese Kompetenz hineinzuwachsen und seine Machtfülle in verantwortungsbewußter Weise ausfüllen zu können, muß er einen Reifungs- und Entwicklungsweg durchlaufen. Dieser führt ihn in die »Häuser« der anderen Trigramme, um deren Qualitäten kennenzulernen. Wie kann man sonst Menschen, deren Wesen einem erst einmal fremd ist, führen, ohne zum Tyrann zu werden?

Diese Machtfülle, die einer Kïën-Natur zu eigen ist, kann sich im Alltag auch im Kleinen entfalten. Es muß nicht ein ganzes Volk auf das Kommando von Kïën hören, kein global operierender Konzern, keine Behörde mit einer Hundertschaft von Mitarbeitern. Es kann auch ein kleiner Handwerksbetrieb mit ein paar Mitarbeitern sein oder ein Familienbetrieb in der Gastronomie. Auch als Selbständiger mit Schreibkraft und einer Handvoll freier Mitarbeiter fühlt sich ein Kiën-Typ wohl. Hauptsache, er ist sein eigener Boß! Ist er dennoch in einen Betrieb eingebunden, so braucht er große Freiräume, um sein Potential entfalten zu können, oder er managt den Laden aus der zweiten Reihe. Der Chef kann sich dann beispielsweise ganz aufs Repräsentieren verlegen. Dennoch ist und bleibt für eine Kiën-Natur dies letztlich unbefriedigend, und wenn der nächste Karrieresprung zu lange auf sich warten läßt, dann wird eben die Firma gewechselt oder der Sprung in die Selbständigkeit gewagt.

Kiën-Männer sind von ihrer Art her eher patriarchalisch eingestellt und mehr als die männlichen Vertreter anderer Trigramme einer gewissen polygamen Lebensweise zugeneigt. Dem Bedürfnis nach Vielfalt, das dem weltumspannenden Himmelstyp zu eigen ist, wird das eheliche Treueideal nicht gerecht.

Kiën-Naturen eignen sich gut als Vernetzer im Interesse ihrer Sache. Sie haben die Begabung, unterschiedliche Persönlichkeiten aus den verschiedensten Berufen und Gesellschaftsschichten zu motivieren, an ihrem Werk mitzuarbeiten. Wer eine Firma aufbaut, braucht Bankkredite, Fachleute für die Entwicklung seines Produktes, EDV-Spezialisten, politischen Flankenschutz, aber auch Packer, Spediteure, Verkäufer und vieles mehr. Somit sind sie prädestiniert als Unternehmer und Manager.

Der im Feng Shui dem Trigramm Kiën zugeordnete Lebensbereich wird oft »Hilfreiche Menschen« genannt. Das ist jedoch zu weit gefaßt, denn hilfreich ist jeder Trigramm-Wesenstyp in seiner Art (z. B. Kun als Inbegriff des mütterlich Sorgenden). Die andere Bezeichnung für diesen Lebensbereich, »Mentoren«, trifft den Bedeutungsgehalt schon eher, denn aufgrund seines weiten Horizonts und dank seiner Beziehungen kann der Kiën-Typ seinem Schützling – vor allem, wenn dieser noch auf der Suche nach seiner Richtung, seinem ihm adäquaten Beruf ist – wertvolle Hilfe angedeihen lassen.

Das Trigramm Kiën ist die Repräsentanz des reinen Yang, charakterisiert durch die drei »starken« Yang-Striche. Das Yang braucht aber immer als Ausgleich das Yin.
Im Familiensystem wird dies von der Frau als Mutter der Kinder repräsentiert. Patriarchalisch geprägte Kulturen haben in der Familie ein matriarchales Gegengewicht: In den privaten Gemächern haben die Frauen das Sagen. Männer mit starker Yang-Betonung sind um so eher gefährdet, einen Herz-

infarkt zu erleiden, je mehr sie ihre Yin-Seite verleugnen. Sie meinen, den starken Mann markieren zu müssen. Wenn dann als Warnung des Körpers Herzstechen auftaucht, so wird dies zunächst ignoriert. Der Tonus der Körpermuskulatur spannt sich an, als wollte man um einen Dampfkessel, der zu explodieren droht, ein Stahlband spannen. Man kann die Explosion aber nicht verhindern, sie nur hinauszögern – allerdings zu dem Preis, daß dann die Detonation noch verheerender wird. Wenn das Yin nicht gelebt wird, geht das stärkste Yang zugrunde.

Rein statistisch tritt Herzinfarkt vorwiegend bei Männern auf. Die Schulmedizin schloß daraus, daß weibliche Hormone einen prophylaktischen Schutz bieten könnten. Mit zunehmender Emanzipation stieg aber auch bei Frauen die Herzinfarktrate an. Schließlich kam man zu der Erkenntnis, daß Frauen, wenn sie in sonst von Männern dominierten Berufen »ihren Mann zu stehen« hatten, prozentual die gleiche Erkrankungsrate aufweisen und auch ein ausgeglichener Hormonspiegel keinen Schutz bietet. Diese Frauen meinen, sich in die Yang-Kultur unter Verdrängung des Yin einklinken zu müssen und übernehmen die für Yang-Kulturen typischen gesundheitsschädlichen Mechanismen.

Wie innen – so außen: Engherzigkeit läßt sich auch im Umgang mit Mitarbeitern beobachten. Emotionale Kälte und übertriebene Strenge, Egoismus, Perfektionswahn und unstillbarer Ehrgeiz gehören zu den Schattenseiten der KIËN-Naturen. Als »Macher« sind sie nicht nur anerkannt, sondern auch gefürchtet.

Doch das Schicksal sorgt in der Regel dafür, daß sie nicht in solch unzulänglich entwickelter Form diesen Planeten verlassen, sondern es hält den Initiationsweg zur Reifung für sie bereit.

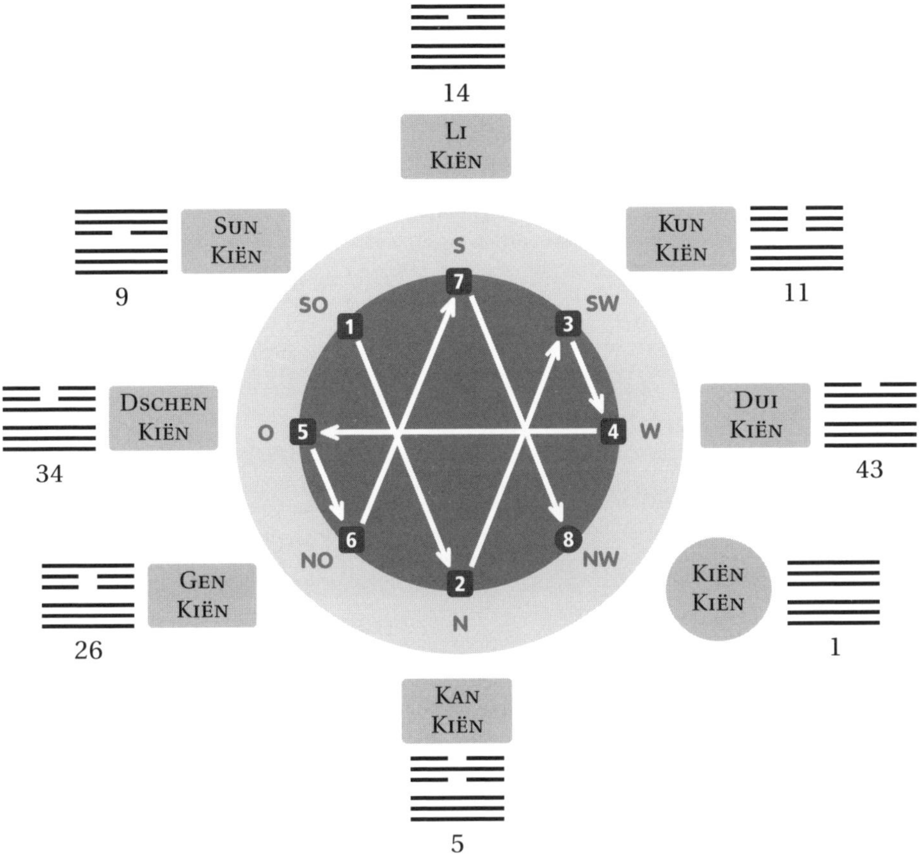
14
LI
KIËN
SUN
KIËN
9
KUN
KIËN
11
DSCHEN
KIËN
34
DUI
KIËN
43
GEN
KIËN
26
KIËN
KIËN
1
KAN
KIËN
5
S
SO
SW
O
W
NO
NW
N
1
2
3
4
5
6
7
8

Die acht Phasen

1. Phase – KIËN im Südosten (SUN)
In der 1. Phase begegnet KIËN der Kraft des Südostens. Indem sich KIËN der Energie von SUN, dem Wind, dem Sanften, unterordnet, *lernt er, seine drängende Kraft zu bezähmen und sich anzupassen.*
Das *I-Ging*-Hexagramm Nr. 9, SIAU TSCHU – »Des Kleinen Zähmungskraft«, bedeutet das Kleine, die Kraft des Schattigen, die zurückhält, zähmt und hemmt.

9 Des Kleinen Zähmungskraft:
Großes zu vollbringen ist einem jetzt nicht vergönnt, obwohl man viel Kraft in sich spürt. Man muß lernen, sich anzupassen. Diese Zeit ist sehr wertvoll, weil sie hilft, das eigene Wesen zu verfeinern.

2. Phase – KIËN im Norden (KAN)

Während der 2. Phase kommt KIËN mit der Energie des Nordens in Kontakt. Das Hexagramm Nr. 5, Sü – »Das Warten, die Ernährung«, zeigt Wolken am Himmel. Der Mensch kann das Wetter nicht machen, er muß sich dem fügen. Doch Wolken sind positiv. Sie spenden den Regen, der die Natur erquickt und unsere Nahrung gedeihen läßt.

5 Das Warten, die Ernährung:

»Dieser Regen wird kommen zu seiner Zeit. Man kann ihn nicht erzwingen«* – d. h. man lernt, abzuwarten und zu erkennen, wann *der rechte Zeitpunkt des Handelns* gekommen ist. Wenn man wahrhaftig ist und den Dingen, so wie sie sind, ins Auge schaut, ohne Selbstbetrug und Illusion, dann meistert man alle Gefahren.

3. Phase – KIËN im Südwesten (KUN)

Der Himmel ordnet sich KUN, der Erde, unter. Das Schöpferische fügt sich dem Empfangenden. Das Männliche dient dem Weiblichen. Das Hexagramm Nr. 11, TAI, heißt »Der Friede«.

11 Der Friede:

Man lernt, seine Handlungen nach der Qualität von Zeit und Ort auszurichten, Ruhe zu finden, Ruhe zu bewahren – so entstehen Harmonie und Frieden.

4. Phase – KIËN im Westen (DUI)

Im Westen trifft KIËN auf DUI, das Heitere, der See. Jetzt lernt man, Entschiedenheit mit Freundlichkeit zu verbinden. Das Hexagramm Nr. 43, GUAI – »Der Durchbruch, die Entschlossenheit«, beschreibt das Bild von einem See, der an den Himmel emporgestiegen ist. Man benötigt sowohl Wachsamkeit als auch Fingerspitzengefühl, damit kein Dammbruch entsteht, der andere – und letztlich auch einen selbst – wegschwemmen würde.

43 Der Durchbruch, die Entschlossenheit:

Entschlossenheit beruht auf einer Vereinigung von Stärke und Freundlichkeit. Wer provoziert und verunglimpft, der gießt nur Öl ins Feuer des Konflikts. Dennoch keine faulen Kompromisse eingehen!

---

* Zahlreiche wörtliche Übernahmen aus dem *I Ging* (in der Übersetzung von Richard Wilhelm) sind in den acht Unterkapiteln »Die acht Phasen« nicht extra als Zitate kenntlich gemacht, um den Lesefluß nicht zu stören. Manche Zitate sind jedoch durch Anführungszeichen markiert.

In den ersten vier Stationen mußte der Kiën-Held lernen, sich unterzuordnen, sich zu gedulden, das Gespür für den rechten Moment zu entwickeln sowie freundlich, behutsam und zuvorkommend zu sein.

Das waren die Lehrjahre – nun kommt seine Gesellenzeit. Bei den nächsten drei Stationen geht es um den Umgang mit Macht.

5. Phase – Kiën im Osten (Dschen)

Kiën, der Vater, und Dschen, das Erregende, vereinen sich. Das ist, als würde Zeus zum Donnerkeil greifen. Das Hexagramm Nr. 34, Da Dschuang, repräsentiert »Des Großen Macht«. Doch damit in verantwortlicher Weise umzugehen, will erst gelernt sein. Wohl dem, der die ersten vier Reifungsphasen erfolgreich durchlaufen hat!

34 Des Großen Macht:

Man darf die Macht nicht mißbrauchen, muß sie immer *auf den Grundsätzen des Rechts und der Gerechtigkeit* ausüben. Es besteht die Gefahr, daß man zu selbstherrlich wird und seine Macht zu sehr zum eigenen Vorteil und auf Kosten anderer mißbraucht.

6. Phase – Kiën im Nordosten (Gen)

Kiën trifft auf Gen, den Berg, das Innehalten. Die schöpferische Kraft wendet sich nach innen, geht sozusagen in Klausur. Dadurch wird sie zur gesammelten Kraft, im *I Ging* das Hexagramm Nr. 26, Da Tschu – »Des Großen Zähmungskraft«.

26 Des Großen Zähmungskraft:

Wenn man im Bewußtsein seiner Verantwortung seine Handlungen ständig auf *Wahrheit und Festigkeit* hin überprüft, so gelingen schwere und gefahrvolle Unternehmungen. Man muß planmäßig und korrekt vorgehen und sich auf seine Erfahrungen besinnen.

7. Phase – Kiën im Süden (Li)

Kiën und Li – der Himmel und das Licht, die Flamme – kommen zusammen. Kraft und Klarheit vereinen sich und ergeben Hexagramm Nr. 14, Da Yu – »Der Besitz von Großem«.

14 Der Besitz von Großem:

»Das Feuer am Himmel oben strahlt weit. Die Sonne bringt das Böse und das Gute an den Tag.« Charakterbildung ist angesagt: Gutes stärken, an Schwächen arbeiten – bei sich und an anderen. Man muß wahrhaftig sein, darf auch Schwächen nicht verbergen, sonst zerren andere sie ans Licht.

Stärke im Inneren, Klarheit im Äußeren – gepaart mit Bescheidenheit – das ist wahre Autorität.

8. Phase – Kïën im Nordwesten (Kïën)

Schließlich ist unser Held in seinem eigenen Himmelspalast im Nordwesten angelangt (Hexagramm Nr. 1, Kïën – »Das Schöpferische«) und kann mit Fug und Recht von sich behaupten: »Ich bin Kïën!«

1 Das Schöpferische:
Man ist schöpferisch, kraftvoll und unermüdlich. Diese einzigartige Energie muß man nutzen. Wer dies versäumt, fällt in seiner Entwicklung wieder zurück.

Der Initiationsweg

Man stelle sich jemanden vor, der voll Schwung und Elan dabei ist, ein neues technisches Gerät zu bauen und auf den Markt zu bringen. Die Pläne sind ausgereift, die ersten Versuche mit Prototypen ermutigend, und auch der Markt scheint nur auf diese geniale Erfindung zu warten. Da läuft plötzlich alles schief: Es werden die falschen Rohstoffe geliefert, Zulieferer gehen in Konkurs und können ihre Verträge nicht mehr einhalten, der begabteste Entwicklungsingenieur kündigt, und die Banken ziehen die Daumenschrauben an.

Daß Computerprogramme abstürzen und einer der ohnehin raren Facharbeiter wegen eines Unfalls für Wochen ausfällt, zählt noch zu den kleineren Übeln. Es ist, als ob man bei einem Würfelspiel mit seinem Stein nur noch auf schwarze Felder gerät. Man meinte schon, einen entscheidenden Satz nach vorne getan zu haben, und fällt nun plötzlich zurück. Eine bereits zurückgelegte Wegstrecke muß man nun ein zweites Mal gehen.

Der Tatendrang des Himmelsstürmers Kïën wird vollkommen gebremst. Dies beschreibt das Hexagramm »**Des Kleinen Zähmungskraft**« für die 1. Phase des Initiationsweges. Nun muß man erneut mit Lieferanten feilschen, mit Banken verhandeln und geeignetes Personal suchen – alles lästige und bereits für erfolgreich abgeschlossen gehaltene Tätigkeiten. Doch wenn man das Klagen läßt und sich ins Unvermeidliche fügt, macht man die Erfahrung, daß nun vieles überlegter angegangen wird; daß im ersten Schwung der Begeisterung die Verträge und Abmachungen nicht so ganz stimmig und die Rückschläge gewissermaßen vorprogrammiert waren. Nun muß man seine Hausaufgaben zwar noch einmal machen, aber das bietet die Gewähr dafür, daß das Projekt wirklich auf soliden Beinen steht. Lieber jetzt der Ärger und die Verzögerung, als sich später mit einem unausgereiften Produkt zu blamieren.

Die nächste Geduldsprüfung für die KIËN-Natur liegt im Hexagramm der 2. Phase, **»Das Warten, die Ernährung«**. Es kann sein, daß ein Produkt gut und erprobt ist, der Markt aber zur Zeit noch nicht offen dafür ist.
Als im Jahr 1999 die weltweite Hysterie wegen eines zum Millenniumswechsel befürchteten Computercrashs ausbrach, hatten es viele Produkte schwer, vom Markt angenommen zu werden, so wertvoll sie auch waren. Sie standen auf der Prioritätenliste nicht an oberster Stelle, weil das ganze gute Geld der Firmen in die Computerbranche floß.
Die Bezeichnung »Das Warten« will also wörtlich genommen werden. Aber nicht im Sinne eines resignierten Sich-Ergebens, sondern als ein Schärfen der Sinne für den »Kairos«, den göttlichen, den rechten Augenblick. Damit ist die Zeitqualität gemeint, die immer bestimmte Entwicklungen begünstigt. Man kann eine Entwicklung verschlafen, man kann aber auch zu schnell vorpreschen.

Nach soviel »Hardware« kommt die »Software«: Wenn sich Kiën dem Kun (drei Yin-Striche) beugt, dann zieht Frieden ein. Die Energie, die diese 3. Etappe als Lernfeld bereitstellt, heißt **»Der Friede«**. Für den Unternehmer kann es bedeuten, auf den Betriebsfrieden zu achten, Konflikte mit Mitarbeitern, Betriebsrat, Gewerkschaften nicht auf die Spitze zu treiben, auf seine Frau zu hören, sich um die Familie und um seine Gesundheit zu kümmern. Versäumt er dies, dann zwingt ihn eventuell der bereits vielzitierte Herzinfarkt oder eine andere ernsthafte Krankheit zu einem Frieden ganz anderer Art – zu diesem Zeitpunkt bestimmt unerwünscht und unerwartet.

Nach diesen drei Lektionen in Geduld, Zurückhaltung und Hingabe darf der KIËN-Wesenstyp wieder seine Kraft leben und zeigen. **»Der Durchbruch, die Entschlossenheit«** als Name für das Hexagramm der 4. Phase macht dies deutlich. Aber diese lang zurückgehaltene und nun geballte Energie muß sich freundlich und milde äußern. Mit Charme gewinnt man die Herzen der Mitmenschen eher, mit Freundlichkeit motiviert man Mitarbeiter mehr als mit grimmigem Gehabe. Sonst steht man plötzlich allein auf weiter Flur und kann seine Vision zu Grabe tragen.

»Des Großen Macht« als 5. Entwicklungsschritt hilft KIËN, seine Macht, die er jetzt spürt und die auch von anderen so wahrgenommen wird, im Sinne von Recht und Gerechtigkeit zu gebrauchen. Die Versuchung, sich ungerechtfertigterweise zu bereichern und andere auszuspielen, wächst natürlich mit zunehmender Machtfülle. Wer groß herauskommt, vergißt oft allzuleicht, daß er selbst klein angefangen hat. Wer zunächst die Spielregeln der Demokratie zur Gewährleistung von Chancengleichheit bemüht und genutzt hat, ist im Erleben seiner Macht versucht, sie zu unterlaufen und die Fäden so zu spinnen, daß er letztlich ein Monopol innehat.

Nun kommt KIËN in die Energie der 6. Phase: **»Des Großen Zähmungskraft«**. Auf dem – scheinbaren – Höhepunkt seiner Karriere trifft den Himmelsstürmer ein Schicksalsschlag: Das kann ein unerwarteter beruflicher Mißerfolg sein oder ein Crash, der ihm den Boden unter den Füßen wegzieht. Im nachhinein betrachtet, stellt sich heraus, daß eine gehörige Portion Maßlosigkeit und Größenwahn die Ursache für das Desaster war.
Die Zähmung des allzu selbstherrlichen KIËN-Typs ist oft auch privater Natur. Ein Angehöriger stirbt, ein Kind verunglückt, oder er selbst wird schwer krank. Jetzt kämpft er an anderen, ungewohnten Fronten. Diese Auseinandersetzung spielt sich in erster Linie in seiner Seele ab. Wenn er diese Prüfung besteht, ist er ein wahrhaft gereifter Mensch. Selbst den Personen in seinem Umfeld, die um diese inneren Kämpfe oft nichts wissen, fällt auf, daß er weiser, milder und toleranter geworden ist.

Jetzt ist er bereit für den **»Besitz von Großem«** (7. Phase). Vom hohen Roß des unbesiegbaren Unternehmers ist er heruntergestiegen. Er weiß um die Risiken des Marktes, um die Schwächen der menschlichen Seele und um die Endlichkeit jedes Erfolges. Er betrachtet sich selbst und erkennt seine Schwächen. Die bis dahin noch nicht gekannte Selbstkritik und »relative« Bescheidenheit stärkt sein Charisma, und das Vertrauen in ihn wächst.

So erreicht er schließlich seinen eigenen Himmelspalast, **»Das Schöpferische«**. Er ist immer noch der Himmelsstürmer – aber weise, verantwortungsbewußt und mit einem untrüglichen Instinkt und Augenmaß für Sinn, Nutzen und Machbarkeit von Projekten.

Der Initiationsweg des KIËN-Wesenstyps wurde hier am Beispiel eines männlichen Unternehmers veranschaulicht. Er ist in gleicher Weise gültig für KIËN-Frauen, die ebenfalls diese unternehmerischen Qualitäten immer in sich tragen.

Kun
Die Erdmutter

Erde – das Empfangende – Mutter – Bauch
Südwesten – Spätsommer – Partnerschaft

Das Wesen

Kun ist das Mütterliche schlechthin. Im *I Ging* ist es charakterisiert durch Begriffe wie das Empfangende, das Dienende, Mutter und Bauch – womit das ganze Becken gemeint ist: der aufnehmende und tragende Mutterschoß genauso wie die Organe der Verdauung, insbesondere der Magen und die Bauchspeicheldrüse. Das Becken birgt das Ei und empfängt den Samen; es ist nährende Wohnstadt für den Embryo und entläßt ihn nach neun Monaten. Danach besteht noch für etwa ein Jahr eine energetische Symbiose zwischen Mutter und Baby.

Bis in die Pubertät hinein ist es in erster Linie das mütterliche Kun, das mit Opferbereitschaft, Hingabe, Einfühlsamkeit und Güte für die Entwicklung des Kindes sorgt – nährend, kleidend, behütend.

Diese Art der Kun-Qualität ist nicht notwendigerweise an die Frau gebunden. Es gibt viele Kun-Männer und -Väter. Im Familiensystem repräsentiert dann die Mutter eher die väterlich strengere Kiën-Natur. Das belegt folgende Erfahrung: Trennen sich die Eltern, solange die Kinder noch schulpflichtig sind, und werden die Kinder gefragt, zu welchem Elternteil sie wollen, so entscheiden sie sich für den Repräsentanten von Kun, auch wenn dies der Vater ist. Das ist für Verwandte und Bekannte oft überraschend und für die Mütter natürlich bestürzend.

Aus psychologischer Sicht aber ist es verständlich. Bis zur Pubertät benötigen die Kinder vor allem die Yin-Qualität für ihr Wachsen und Gedeihen.

Das heißt nicht, daß die Yang-Energie unwichtig wäre, aber die Geborgenheit im Yin gibt bei der ohnedies stets unerfreulichen Wahl den Ausschlag.

Mit der Pubertät kann sich das ändern. Für die Entwicklung der Geschlechterrolle ist es wesentlich, daß die Entscheidung möglichst zugunsten des gleichgeschlechtlichen Elternteils fällt, daß die Mädchen zur Mutter ziehen und die Buben zum Vater.

Die Schattenseiten der Kun-Natur sind Überfürsorglichkeit und Machtanspruch. Die Überfürsorglichkeit liegt unter anderem in der übertriebenen Angst begründet, dem Kind könnte etwas passieren. Die Kun-Wesenheit will es vor aller Unbill behüten und verhindert so, daß es ausreichend eigene Erfahrungen machen kann. Je später aber das Kind in die Eigenverantwortung entlassen wird, desto mehr Mühe hat es, mit den Herausforderungen des Lebens fertig zu werden.

Die andere Versuchung liegt in einem Machtanspruch. Dem Kind gegenüber ist die Kun-Natur die Mächtige. Damit hält sie es unmündig und überdeckt eigene Defizite. Vor vielen Jahren sorgte ein Buch von Wolfgang Schmidbauer mit dem Titel *Die hilflosen Helfer* für große Aufregung. Er vertritt darin die These, daß eigene uneingestandene Hilflosigkeit die Motivation dafür bietet, einen Helferberuf zu ergreifen; denn in Relation zu dem anvertrauten Kleinkind, Patienten, Strafentlassenen etc. kann man sich mächtig fühlen und wird von eigenen Gefühlen wie Hilflosigkeit, Angst und Ohnmacht abgelenkt. Der Preis für diese Art von Verdrängung ist das Erleben von physischem und psychischem Ausgebranntsein, das oft in eine Erschöpfungsdepression mündet. Ein Schrei der Empörung ging damals durch alle Helferberufe – anscheinend hatte Schmidbauer einen wunden Punkt getroffen.

Eine mit dem Kun-Wesen ausgezeichnete Persönlichkeit kann auch außerhalb von Helferorganisationen in allen möglichen anderen Berufen ihre »Berufung« finden – als Koch, als Innenarchitektin, als Verwaltungsleiter. Gut vorstellbar ist Kun auch in der Position einer Personalleiterin, in der sie dann allerdings nicht nach der »Hire-and-fire«-Ideologie handelt, sondern verantwortungsbewußte Personal- und Organisationsentwicklung betreibt.

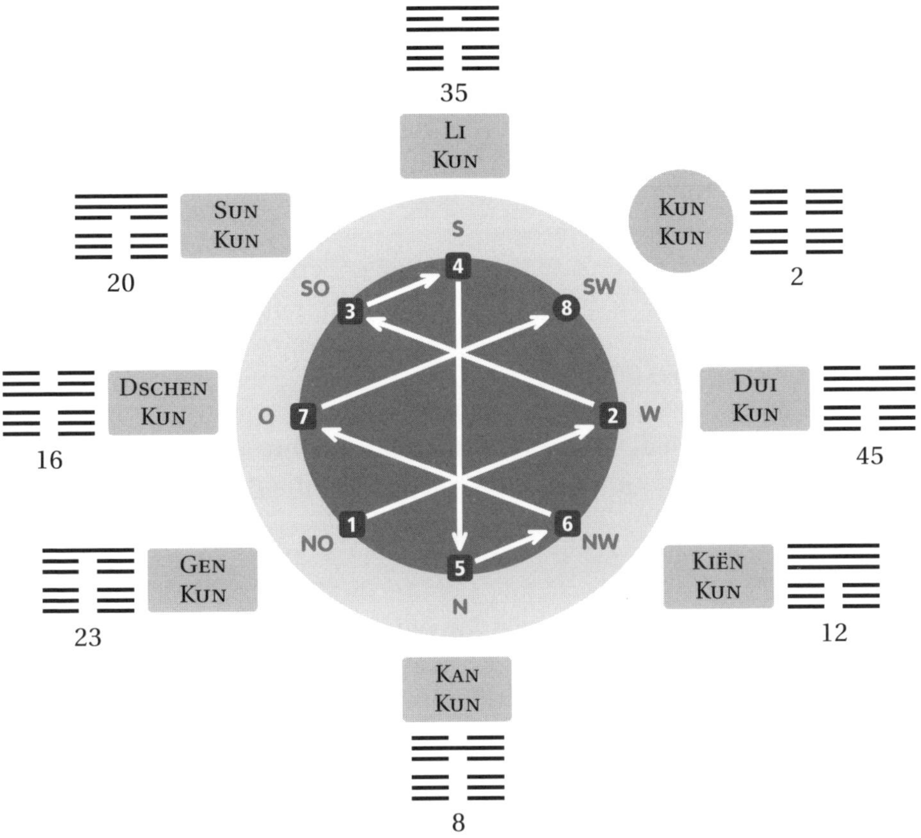

35

LI
KUN

SUN
KUN

20

KUN
KUN

2

DSCHEN
KUN

16

S

SO

SW

O

W

NO

NW

N

DUI
KUN

45

GEN
KUN

23

KIËN
KUN

12

KAN
KUN

8

Die acht Phasen

1. Phase – KUN im Nordosten (GEN)

»Der Berg ruht auf der Erde. Wenn er steil und schmal ist und keine breite Grundlage hat, so muß er einstürzen. Nur dadurch, daß er breit und groß sich aus der Erde erhebt, *nicht stolz und steil*, ist seine Stellung gesichert.« Das Hexagramm Nr. 23, Bo – »Die Zersplitterung«, stellt auch das Bild eines morschen Hauses dar. Alle Linien sind unterbrochen, nur die oberste, das Dach, ist durchgehend. »Indem nun das Dach zerbrochen wird, zerfällt das Haus.«

23 Die Zersplitterung:

Altes geht zugrunde; das können Werte sein, Beziehungen, Kontrakte. Aber es ist notwendig, daß sie zugrunde gehen, denn sie sind überholt. Das Neue, das aus den Trümmern auftauchen kann, ist wesentlich gehaltvoller und zeitgemäßer. Man soll Vergangenes noch einmal liebevoll umarmen und dann loslassen, großzügig und verzeihend sein – anderen, aber auch sich selbst gegenüber.

Zersplitterung wird nur durch Festhaltenwollen provoziert. Wenn man freiwillig losläßt, vollzieht sich der Umschwung ganz sanft.

2. Phase – KUN im Westen (DUI)

Auf der Erde ist ein See. Das verheißt Geselligkeit, denn am Ufer läßt man sich zum Picknick nieder. Doch wenn das Wasser höher steigt, schwemmt es alles davon. Hexagramm Nr. 45, TSUI – »Die Sammlung«.

45 Die Sammlung:

Die Menschen scharen sich gerne um einen, man erlebt sich als Mittelpunkt und ist versucht, sich über Gebühr wichtig zu fühlen. Doch in der Freude über die Geselligkeit liegt die Gefahr von Streitigkeiten und Intrigen. Sie lassen sich vermeiden, wenn man sich in sich selbst sammelt, als Mittelpunkt der Gemeinschaft Ruhe ausstrahlt und in der Fröhlichkeit die Besinnlichkeit nicht vergißt.

3. Phase – KUN im Südosten (SUN)

Der Wind weht sanft über die Erde. Er kommt überallhin, es entgeht ihm nichts. Hexagramm Nr. 20, GUAN – »Die Betrachtung«.

20 Die Betrachtung:

Eine große Zeit, in der man Irrtümer erkennen kann und lernt, zwischen Wert und Unwert zu unterscheiden. Man kommt in Fühlung mit dem göttlichen Sinn des Weltgeschehens und lernt zu sehen, worauf es wirklich ankommt. Dadurch wird man zu einer Persönlichkeit, auf deren Rat gehört wird.

4. Phase – KUN im Süden (LI)

Die Sonne steigt über die Erde empor, das Licht vertreibt das Dunkel. Hexagramm Nr. 35, DSIN – »Der Fortschritt«.

35 Der Fortschritt:

Im klaren Licht der Sonne erkennt man zweierlei:

1. Ein Fortschritt darf nicht auf Kosten anderer gehen oder das Ergebnis eigener Aufopferung sein. Er ist nur dann garantiert, wenn er der gesamten Gemeinschaft dient.

2. Es gibt kein rein altruistisches Motiv. Man hilft auch, um sich selbst gut zu fühlen und dafür anerkannt zu werden.

5. Phase – KUN im Norden (KAN)

Wasser fließt über die Erde, füllt Mulden, bildet Teiche, Seen und Meere. Zusammen bilden sie die Oberfläche von Mutter Erde. Hexagramm Nr. 8, BI – »Das Zusammenhalten«.

8 Das Zusammenhalten:

Man steht im Mittelpunkt einer Gemeinschaft, die erwartet, daß man Führung und Initiative ergreift. Doch Achtung! Man darf nur dann in diese Rolle schlüpfen, wenn man wirklich dazu berufen ist, Autorität genießt und sich in den Dienst der ganzen Gemeinschaft stellt. Nichts Geringeres wird erwartet, als daß sich unter dieser Führung die Gruppendynamik so organisiert, daß jedes Mitglied den ihm gemäßen Platz finden und ausfüllen kann.

6. Phase – KUN im Nordwesten (KIËN)

Der Himmel über der Erde. Man möchte meinen, die Welt wäre jetzt in Ordnung. Doch die Schwere der Erde zieht nach unten, der Himmel verflüchtigt sich nach oben – sie verlieren den Kontakt. Hexagramm Nr. 12, PI – »Die Stockung«.

12 Die Stockung:

Man zieht sich in die Verborgenheit zurück. »Wie's drinnen aussieht, geht niemand etwas an.« – Man würde nicht verstanden werden. Man hat die Chance, seinen eigenen Wert zu erkennen und nicht mehr abhängig zu sein vom Applaus der Menge. Schmeicheleien und Ehrungen sind doppelbödig und gefährlich.

Diese Phase dient noch einmal der Läuterung von selbstsüchtigen Zielen. Sie befreit von der Identifikation mit der Macht, die einem zugewachsen ist, und verhindert falschen Stolz. Gleichzeitig dient sie der Rückbesinnung auf den eigenen wahren Wert, den man auch im hingebungsvollen Dienst an anderen nicht vergessen sollte.

7. Phase – KUN im Osten (DSCHEN)

»Der Donner kommt aus der Erde hervorgetönt: das Bild der Begeisterung«: Hexagramm Nr. 16, Yü.

16 Die Begeisterung:

Mit dem Donner löst sich eine lange Spannung. Erleichterung und Freude greifen um sich. Es ist ein bedeutender Mann da, der in Fühlung mit der Volksseele ist und in Übereinstimmung mit ihr handelt. Wenn die Begeisterung gepaart ist mit *Ehrfurcht vor der Schöpfung und Achtung vor den Menschen*, dann hat sie Bestand und kann Berge versetzen.

8. Phase – KUN im Südwesten (KUN)

Erde über Erde: »Der Zustand der Erde ist die empfangende Hingebung.« Hexagramm Nr. 2, KUN – »Das Empfangende«.

2 Das Empfangende:

Man hat für die anderen da zu sein, geduldig und beharrlich, aber nicht in überfürsorglicher, einengender und bestimmenwollender Art, sondern indem man sich bemüht, deren Wesen zu erkennen und sich darauf einzustimmen. Dadurch wird man selbst bereichert.

Der Initiationsweg

Auf dem Initiationsweg von KUN liegen zwei Hexagramme, über deren Auftreten beim Werfen des *I Ging* man normalerweise höchst unerfreut ist: Hexagramm Nr. 23, »Die Zersplitterung«, und Hexagramm Nr. 12, »Die Stockung«. Jedoch als Phasen auf dem Weg zum vollendeten Potential des Mütterlichen schlechthin sind sie sehr hilfreich; und wenn man sie richtig versteht, so verlieren sie ihren Schrecken.

»Die Zersplitterung« ist die erste große Herausforderung. Ein schönes Symbol für KUN ist eine Tonschale – in ihr zeigt sich das Aufnehmende und Raumgebende der Erde. Diese Schale zerbricht, man steht vor einem Scherbenhaufen. Viele Eltern erleben so ihre Situation, wenn ihre Kinder in die Pubertät kommen, oder später, wenn sie das Elternhaus verlassen. Alles, was sie jahrelang den Kindern haben angedeihen lassen, wird unwichtig, ja sogar vehement abgelehnt. Statt Dankbarkeit ernten sie Streit. Nichts können sie ihnen recht machen, alles ist verkehrt. Diese Konflikte sind wie We-

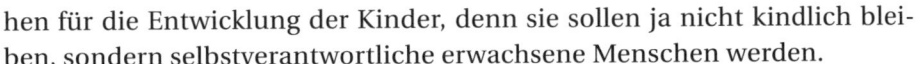

hen für die Entwicklung der Kinder, denn sie sollen ja nicht kindlich bleiben, sondern selbstverantwortliche erwachsene Menschen werden.

Wehen sind schmerzhaft; aber im Bewußtsein, daß sie der Weiterentwicklung dienen – und darum geht es der KUN-Natur ja –, können sie akzeptiert werden. Dann wird es eine leichte »Geburt«.

Natürlich ist auch Trauerarbeit angezeigt. Die Eltern müssen sich von der Zeit, in der ihre Kinder noch Kinder waren, verabschieden. Eine KUN-Natur muß aber nicht das Kun-Sein aufgeben, sie muß es nur neu und anders verstehen. Der Entwicklung zu dienen heißt jetzt, die Selbständigkeit zu fördern. Statt eines High-Tech-Spielzeuges schenkt man Trampertickets und Trekking-Rucksäcke. Die Hilfeleistungen werden weniger direktiv. Man verzichtet auf gutgemeinte Ratschläge, durch die sich die »undankbare« Jugend ohnehin nur genervt fühlt, aber man steht zur Verfügung für den Fall, daß man gebraucht wird.

Wenn man diesen Schritt geleistet hat, so wird man erleben, daß die Jugendlichen von selbst kommen, um Rat fragen und auch ihre Freunde mitbringen. Man ist in der Energie der »**Sammlung**« (2. Phase). Doch die Versuchung ist noch groß, in die alte Rolle der Mütterlichkeit zurückzufallen, dann gibt es wieder Streit und Zersplitterung.

Man begegnet den Jugendlichen nun als Diskussionspartner. Die Orientierung, die sie brauchen, entsteht aus der vergleichenden Betrachtung unterschiedlicher Lebenskonzepte. Sie wählen sich Idole, die mit den von den Eltern gelebten Werten wenig gemein haben und andere Welten verkörpern. Sie imitieren diese Idole, kleiden und frisieren sich wie sie.

Doch diese Phase geht vorbei. Viele wenden sich später wieder den Werten ihrer Eltern zu und setzen die Tradition fort. Aber jetzt ist es ihr Eigenes – gemäß dem Goethe-Zitat: »Was du ererbt von deinen Vätern, erwirb es, um es zu besitzen.« Diese Einsicht erwirbt sich die KUN-Natur in Zeiten der »**Betrachtung**« (3. Phase).

Kritische Selbstreflexion und das Hinterfragen der eigenen Motivation zum Helfen und Dienen ist die während der nächsten Phase geforderte Leistung. Sie heißt »**Der Fortschritt**« (4. Phase).

Ein Fortschritt hat nur dann Bestand, wenn er allen dient. Einen Fortschritt zu forcieren, der auf Kosten anderer geht (etwa der Fortschritt der Industrieländer auf Kosten der sogenannten dritten Welt und der Ökologie), hat unerwünschte Gegenreaktionen zur Folge, die nach Ausgleich drängen.

Eine Yin-Natur, wie es KUN-Wesenheiten ja sind, erbringen ihre Beiträge zum Fortschritt oft dadurch, daß sie ihre eigene Entwicklung zugunsten anderer zurückstellen. Doch das ist ebenso ein gewagtes Spiel:
Es gibt Formen von Hilfe, die den anderen zum ewigen Schuldner machen. Bert Hellinger hat mit seiner Methode der Familienaufstellung herausgefunden, daß Beziehungen, in denen ein Partner das Studium des anderen finanziert, fast immer in die Brüche gehen, ja gehen müssen, weil die Schuld, die der Begünstigte trägt, so gut wie nicht mehr auszugleichen ist. Die Beziehung hat nur dann eine Chance, wenn sofort ein Rollenwechsel stattfindet, der dem bisherigen Finanzier eine ähnliche Entwicklung ermöglicht. Besonders zwingend wird dies, wenn der Frau die existenzsichernde Rolle zukam.
Eine Art des Ausgleichversuchs ist eine subtile Machtausübung durch die helfende Person; auch das hat der bereits zitierte Psychoanalytiker Wolfgang Schmidbauer in seinem Buch herausgearbeitet.
Wer »sich opfert«, will und muß letztendlich »entlohnt« werden. Das muß erkannt werden, alles andere ist Selbstbetrug. Wer die Reaktion des anderen als Undank erlebt – in obigem Beispiel das Aufkündigen der Beziehung –, fühlt sich um den Ausgleich betrogen.
Der Lernprozeß dieser sehr schmerzhaften Krise liegt darin, daß KUN gezwungen wird, offen zu ihren Bedürfnissen zu stehen und aktiv für deren Erfüllung einzutreten. Das ist klarer und berechenbarer, als Macht durch das Erzeugen von Abhängigkeit und Schuldgefühlen auszuüben. Jetzt kann der Umschwung in der Entwicklung dieses Wesenstyps erfolgen. KUN (drei Yin-Linien!) muß die klare, aktive, fordernde Qualität des Yang in sich entwickeln, um weiterzukommen – analog dem Initiationsweg von KIËN, der die Yin-Qualität integrieren mußte.

In »**Das Zusammenhalten**« (5. Phase) hat die KUN-Natur wieder die Chance, im Zentrum einer Gemeinschaft zu stehen. Doch während ihr dies als Mutter automatisch zuerkannt wurde, hängt es jetzt von der Gruppendynamik ab. Deswegen wird im Text zum Hexagramm Nr. 8 geraten, das Orakel noch einmal zu befragen, ob man wirklich dazu ermächtigt ist, denn »Beziehungen knüpfen sich und festigen sich nach bestimmten inneren Gesetzen«. Wer im Mittelpunkt steht, muß Bedürfnisse und Ziele der Gemeinschaft erkennen und ausloten können und ihnen mit seinen Handlungen entsprechend Rechnung tragen.

Es gibt aber auch noch die Bedürfnisse und Ziele eines Größeren zu bedenken. Was ist der Wille des Himmels, des Kosmos, was der Wille Gottes? Kun
soll das Wirken auf diesen Willen ausrichten und es in Einklang bringen mit
den Entfaltungs-, Wachstums- und Entwicklungsbestrebungen der Mitmenschen wie auch der eigenen.

Dieser göttliche Wille kann auf unterschiedliche Weise wahrgenommen
werden – in der Meditation, im Gebet oder auch bei einem Spaziergang.
Rückzug und Stille aber sind die Voraussetzungen. Das ermöglicht die Zeit
der »**Stockung**« (6. Phase). Wenn man schon im Äußeren erfolglos bleibt,
was immer man auch tut und sagt, so kann man sich dem Inneren zuwen-
den.

Nach einiger Zeit wendet sich das Blatt: »**Die Begeisterung**« erfaßt die Kun-
Wesenheit, und sie kann sich nun aktiv darin üben, ihren Tatendrang in Einklang mit der Schöpfung, den Menschen und ihrem eigenen Bestreben zu
bringen (7. Phase).

In ihrem eigenen Himmelspalast angekommen (»**Das Empfangende**«),
findet die Kun-Natur das rechte Maß zwischen Tun und Lassen; sie
kann einschätzen, wann sie sich in den Mittelpunkt zu stellen hat und
wann sie besser aus dem Hintergrund heraus wirkt. Ihre Handlungen
helfen anderen in ihrer Entwicklung, sind vom Himmel gesegnet und
gleichzeitig bereichernd für das eigene Wesen.

Dschen

Der Erneuerer

Donner – das Erregende – ältester Sohn – Fuß
Osten – Frühling – Gesundheit und Eltern

Das Wesen

Das Trigramm Dschen steht für den Donner. Seine Himmelsrichtung ist der Osten, seine Jahreszeit der Frühling. In der »Trigramm-Familie« ist er der ältester Sohn – treffender noch wäre »der Erstgeborene«. Wenn das erste Kind auf die Welt kommt, so ist für das Elternpaar nichts mehr so wie vorher. Es ist aus mit der Stille und der selbstbestimmten Gestaltung des Alltags. Diese Veränderung ist in der Regel zwar gewollt – zumindest hat man Monate Zeit gehabt, sich auf sie vorzubereiten. Doch nun steht man erstaunt, ergriffen, voll Ehrfurcht und Liebe vor dem neugeborenen kleinen Wesen, das nicht nur glucksend und brav Bäuerchen produzierend in der Wiege liegt, sondern auch mit markdurchdringendem Geschrei auf sich aufmerksam zu machen weiß.

Dschen-Wesenstypen bewahren sich etwas von dieser stets Aufmerksamkeit heischenden Energie ein ganzes Leben lang. Sie sorgen immer wieder für Überraschungen. Sie haben Ideen, um die man nicht herumkommt. Je nachdem, wie sie diese einbringen, können sie erfrischend oder auch provozierend sein. Sie sind bekannt für spontane Einfälle und äußern sie sofort. Geduldiges Abwarten eines geeigneten Augenblicks ist nicht unbedingt ihre Stärke.

Dschen kann sich und andere leicht für eine Idee begeistern. Er ist dann kreativ und voller Tatendrang.

Die Gefahr bei DSCHEN-Naturen ist ihre zu starke Unruhe. Sie überfordern oft sich und andere damit. Ihre Ungeduld kann für andere anstrengend sein – meist leiden sie selbst darunter. Sie provozieren dann mehr Widerstand als nötig, und ihre Energie kippt ins Destruktive. Sie können cholerisch sein, verbissen ihr Ziel verfolgen und nicht mehr wahrnehmen, was um sie herum wirklich vorgeht. »Bist du für oder gegen mich?« fragen sie und haben keinen Sinn für eine differenziertere Betrachtungsweise. Am besten geht man ihnen dann aus dem Weg, denn wer will schon einen Donner zähmen, und wie stellt man das an?

Der Schicksalsweg der acht Phasen vermag es!

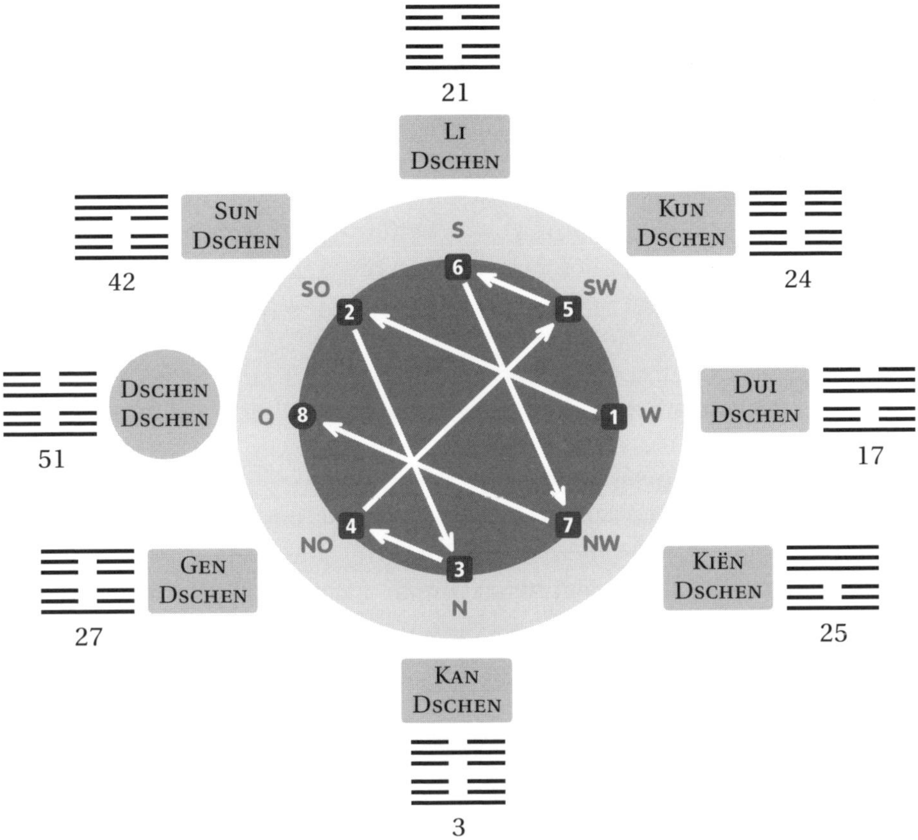

21

LI
DSCHEN

SUN
DSCHEN

42

KUN
DSCHEN

24

S

SO

SW

6

2

5

DSCHEN
DSCHEN

51

O   8

1   W

DUI
DSCHEN

17

4

7

NO

3   NW

GEN
DSCHEN

27

N

KIËN
DSCHEN

25

KAN
DSCHEN

3

Die acht Phasen

1. Phase – DSCHEN im Westen (DUI)

Der älteste Sohn ordnet sich der jüngsten Tochter DUI unter und verzichtet damit auf den Herrschaftsanspruch des Erstgeborenen. Das dient der Charakterbildung. Hexagramm Nr. 17, SUI – »Die Nachfolge«.

17 Die Nachfolge:

Ein Zeit-Raum für Ruhe und Erholung. *Rücksichtsvolles Verhalten und Anpassung an andere* ist angezeigt, auch wenn diese jünger und unerfahrener sind.

2. Phase – DSCHEN im Südosten (SUN)

Der aufrüttelnde Donner lernt die Sanftheit des Windes kennen, womit sein Temperament erträglich wird. Das ergibt das Hexagramm Nr. 42, I – »Die Mehrung«.

42 Die Mehrung:

Wenn sich Charisma (Donner im Inneren) mit Sanftmut (Wind) paart, dann bringt man Großes hervor. Nur Evolution vermag die Welt zu verändern. »Wahres Herrschen muß Dienen sein. Ein Opfer des Höheren, das eine Mehrung des Niederen bewirkt, wird Mehrung schlechthin genannt, um dadurch den Geist anzudeuten, der allein imstande ist, der Welt zu helfen.«

3. Phase – DSCHEN im Norden (KAN)

Der Donner kommt aus den Regenwolken. Damit kündigt sich das Ende von stürmischem Chaos und der Beginn einer neuen Ordnung an. Hexagramm Nr. 3, DSCHUN – »Die Anfangsschwierigkeit«.

3 Die Anfangsschwierigkeit:

»Wolken und Donner – so wirkt der Edle entwirrend und ordnend.« Obwohl die Energie stark ist und vieles um Gestaltung ringt, muß man sich zurückhalten, seine Ungeduld bezähmen, um nicht mit- und weggerissen zu werden. Alles ist noch etwas chaotisch, und man braucht Helfer, um das Chaos zu bewältigen.

4. Phase – DSCHEN im Nordosten (GEN)

Der Donner verhallt am Fuße des Berges. Der Erregte macht die Erfahrung der Stille und daß es nicht auf das Entweder-Oder ankommt, sondern auf das ausgewogene Maß. Das Bild der »Ernährung«: Hexagramm Nr. 27, I*.

27 Die Ernährung:

Man soll sehr darauf achten, was man tut, sagt, wie man sich ernährt und welche Gedanken man hegt. Die Zeit ist günstig, um all das zu erkennen und fallenzulassen, was einem nicht bekommt – sei es körperlich, seelisch oder geistig.

5. Phase – DSCHEN im Südwesten (KUN)

Der Donner inmitten der Erde bedeutet die Zeit der Wintersonnenwende: »So schlossen die alten Könige zur Sonnwendzeit die Pässe. Händler und Fremdlinge wanderten nicht, und der Herrscher bereiste nicht die Gegenden.« Man nahm sich Zeit für Besinnung, Kontemplation – eine nach innen gekehrte Zeit. Hexagramm Nr. 24, FU – »Die Wiederkehr, die Wendezeit«.

24 Die Wiederkehr, die Wendezeit:

Geduld! Die Dinge stecken noch in den Anfängen! Analyse der Vergangenheit, Besinnung auf die Gegenwart und Pflege von Freundschaften sind jetzt angemessen. Daraus erwachsen Erkenntnisse, und man schöpft Kraft für künftige Unternehmungen.

6. Phase – DSCHEN im Süden (LI)

Donner und Blitz – der Blitz erhellt die Lage, der Donner erweckt Ehrfurcht: Hexagramm Nr. 21, SCHÏ HO – »Das Durchbeißen«.

21 Das Durchbeißen:

Man muß energisch durchgreifen, entschieden handeln, darf sich aber nicht von Emotionen hinreißen lassen. Klarheit im Urteilen und Angemessenheit in der Vorgehensweise sind wichtig. Fairneß und Taktgefühl dürfen nicht verlorengehen.

7. Phase – DSCHEN im Nordwesten (KIËN)

Der Donner regt sich unter dem Himmel – es ist Frühling. Hexagramm Nr. 25, WU WANG – »Die Unschuld, das Unerwartete«.

25 Die Unschuld, das Unerwartete:

Vom Himmel gesegnet ist alles, was man unternimmt – vorausgesetzt, man ist aufrichtig, ehrlich bemüht und ohne Hintergedanken.

---

* Nur in der deutschen Schreibweise von Richard Wilhelm scheint dieses Zeichen mit dem der 2. Phase (Hexagramm Nr. 42) identisch. Die chinesischen Schriftzeichen dafür sind jedoch – ebenso wie ihre Bedeutung – verschieden.

8. Phase – Dschen im Osten (Dschen)

Der älteste Sohn hält den Donnerkeil und ergreift energisch und machtvoll die Herrschaft. Hexagramm Nr. 51, Dschen – »Das Erregende, der Donner«.

51 Das Erregende, der Donner:
Ehrfurcht vor den Schicksalsmächten, Aussöhnung mit den Eltern und den Ahnen. Offensein für Inspiration und Geistesblitze. Ernsthaftigkeit und Freudigkeit schließen einander nicht aus. Es darf und soll auch gelacht werden.

Der Initiationsweg

Bei der psychologischen Forschung zur Geschwisterreihe fand man heraus, daß die Erstgeborenen meist die Ernsteren und Verantwortungsbewußten sind – schließlich werden sie von den Eltern angehalten, auf ihre jüngeren Geschwister aufzupassen, und ermahnt, vernünftig zu sein.
Dem Naturell von Dschen fällt es dann – in der 1. Phase seiner Entwicklung (»**Die Nachfolge**«) – besonders schwer, sich Dui, dem jüngsten und unbedarftesten der Geschwister unterzuordnen. Statt sein eigenes Temperament auszuleben, muß er Rücksicht nehmen, flüstern, leise sein.

Für den nächsten Lernschritt gelten Volksweisheiten wie »Wer herrschen will, muß dienen lernen« oder »Wer sich selbst erhöht, der wird erniedrigt werden, aber wer sich selbst erniedrigt, der wird erhöht«. Vor allem der zweite Spruch – ein Bibelzitat – drückt aus, was das Hexagramm der 2. Phase (»**Die Mehrung**«) meint. Diese Erfahrung wird im Südosten, der von der Qualität des Sun, dem sanften und strategisch Denkenden, durchdrungen ist, gemacht.

Die 3. Lernerfahrung heißt »**Die Anfangsschwierigkeit**«. In Dschen rumort es, drängt es, er platzt vor Ungeduld, aber mehr als Chaos kommt dabei nicht heraus. Er hat nur dann eine Chance, wenn es ihm gelingt, Ordnung in seine Gefühlswelt zu bringen. Aber er muß bereit sein, sich helfen zu lassen, dann wird er von der Energie des Nordens (Kan – die Seelenführerin) unterstützt.

In der 4. Phase, »**Die Ernährung**«, lernt Dschen, seine Worte mit Bedacht zu wählen, ja sogar seine Gedanken zu kontrollieren. Emotionen sind nämlich meist die Folge davon, wie man eine Lage beurteilt, welche Meinung man sich bildet und welche Entscheidungen man trifft. Dies wiederum ist von den früher gemachten Erfahrungen abhängig. Dschen reflektiert sie nun, hält kritische Rückschau und zieht Bilanz. Einstellungsänderungen mit Auswirkungen auf das ganze Verhaltensspektrum sind jetzt leicht zu vollziehen.

»Der Edle bringt seine Person in Ruhe, ehe er sich bewegt; er faßt sich in seinem Sinn, ehe er redet; er festigt seine Beziehungen, ehe er um etwas bittet. Indem der Edle diese drei Stücke in Ordnung bringt, ist er in völliger Sicherheit. Wenn man aber unvermittelt ist in seinen Bewegungen, so tun die Leute nicht mit. Wenn man aufgeregt ist in seinen Worten, so finden sie keinen Widerhall bei den Leuten. Wenn man ohne vorherige Beziehungen etwas verlangt, so geben es einem die Leute nicht. Wenn niemand mit einem ist, so kommen die Schädiger herbei.« (Kommentar des Konfuzius, *I Ging*, Seite 162)

In der Zeit der 5. Phase, »**Die Wiederkehr, die Wendezeit**«, kann Dschen nun zur Ruhe kommen. Aus seinen Fehlern hat er gelernt, kann durchatmen, sich auf die Gegenwart besinnen und Freundschaften pflegen. Pläne werden geschmiedet, aber die Zeit zum Handeln ist noch nicht gekommen (»die Pässe sind geschlossen«). Im Gegensatz zu früher weiß Dschen dies jetzt zu schätzen.

Damit ist der Prozeß der inneren Wandlung abgeschlossen. Dschen hat gelernt, sein Temperament zu bezähmen, zu zügeln und es in verträglicher Weise zu äußern. Daß das aber nur der Kultivierung und nicht der Verleugnung seiner Kraft dient, zeigt die nächste Phase.

Mit ihr kehrt die Kraft wieder zurück (»**Das Durchbeißen**«). Dschen ist jetzt soweit gereift, daß er sich seiner Donner-Qualität wieder anheimgeben darf, weil er bei aller Entschiedenheit seines Vorgehens fair, gerecht und beherrscht bleibt.

»**Die Unschuld, das Unerwartete**« der 7. Phase meint, daß Dschen mit seinem Naturell aus der Situation heraus spontan handelt – ohne Hintergedanken und unangebrachte Emotionen. Vielleicht dämmert es ihm jetzt, daß er wie im Auftrag einer höheren Kraft handelt, die sich seiner Qualitäten bedient, um Situationen voranzubringen.

Im eigenen Himmelspalast (»**Das Erregende, der Donner**«) ist der Dschen-Wesenstyp fraglos eine Person mit Charisma. Man begegnet ihm mit Ehrfurcht, ohne vor ihm Angst zu haben. Inspirierend sind seine Ideen, erfrischend ist sein Temperament und zündend sein Witz. Er ist eine Bereicherung für jede Gesellschaft und ein Garant für Erneuerung, Schwung und Bewegung.

115

SUN
Die auf stille Weise Zielstrebige

Wind – das Sanfte, die Wiese – älteste Tochter – Schenkel
Südosten – Frühsommer – Fülle

Das Wesen

Das Trigramm SUN steht für den Südosten, es wird charakterisiert durch Begriffe wie Wind, langsam wachsendes Holz, das Sanfte, die Wiese.

Die Begabungen der SUN-Natur sind Zielstrebigkeit und Durchhaltevermögen; sie verfolgt ihre Ziele still und geduldig. Nach außen ist ihr Tun oft gar nicht sichtbar. Man möchte vermuten, sie hat ihr Ziel gar nicht mehr im Auge – aber da irrt man. SUN hat nur einen besonders langen Atem.

Der ihr entsprechende Lebensbereich ist Fülle und Reichtum. Indem man die Bedeutungen von SUN versteht, wird klar, daß Reichtum nur dann Bestand hat, wenn er auf kontinuierliche Weise erworben worden ist. Schnell erworbenes Geld ist häufig wieder dahin. Das belegen Biographien von Lottomillionären: Keine 10 % der glücklichen Gewinner können ihren Reichtum halten. Nach ein paar Jahren sind sie wieder auf demselben finanziellen Standard wie zuvor.

SUN werden die Schenkel zugeordnet. Mit der Muskulatur der Schenkel lenken wir unsere Schritte. »Wie *geht* es dir?« heißt: »Geht es voran, oder steckst du fest? Kannst du in die Richtung gehen, die dir entspricht, oder fühlst du dich genötigt, einen anderen Weg einzuschlagen?«

Wenn ich in die mir gemäße Richtung gehe, dann geht es mir gut, dann habe ich alles, was ich für mein Leben brauche. Reichtum muß sich nicht nur in Geld und materiellen Werten ausdrücken. Wichtig ist nur, daß ich keinen Mangel erleide. Das rechte Maß an Wohlstand ist sehr subjektiv. Ein gut betuchter Chefarzt kann sich für ärmer halten als eine Witwe mit kleiner Rente.

Ein weiteres Charakteristikum der Sun-Natur ist ihre Aufnahmefähigkeit und Auffassungsgabe, das ruhige und überlegte Betrachten und Auf-sich-wirken-Lassen. Sie kann die Dinge an sich herankommen lassen und realistisch einschätzen. Ihr Einfühlungsvermögen wird treffend charakterisiert durch den sanften Wind, der überall hinkommt, der alles behutsam abtastet und dem nichts entgeht.

Die Gefahr für Sun ist Oberflächlichkeit, das Steckenbleiben in Konventionen und Meinungen und das Sich-Verlieren in Genuß und Konsum. Das Leben wird möglicherweise von dem bestimmt, was gerade »in« ist, Modeströmungen werden gut geortet, aber auch überbewertet. Die Begabung zu Fülle und Reichtum wird dann nicht sinnvoll genutzt.

Sun-Wesenheiten verstehen sich aufs Locken und Verführen. Die berühmte Circe der Odysseus-Sage umgarnte ihre Verehrer mit erlesensten Speisen und Getränken, ließ sie von den schönsten Mägden in raffinierten Kleidern bewirten und war selbst die erotischste Versuchung in Person. Doch bevor die von soviel Sinnlichkeit geblendeten Männer sich am Ziel ihrer Wünsche sahen, wurden sie in Schweine und andere Tiere verwandelt und in einen Zoo gesperrt.

Raffinesse und Hinterlist können zum Spiel werden, das um des Spiels willen gespielt wird. Die Ziele, für die die strategische Begabung genutzt wird, sind oft sehr fragwürdig, und nicht jeder Zweck heiligt die Mittel.

Zum höchsten Potential von Sun gehört es, daß sie ihren Mitmenschen die Schönheit der Natur immer wieder vor Augen führt. Sie ist die Bewahrerin der Fülle, die angesichts des verschwenderischen Reichtums der Natur auch allen anderen Wesen zu einem »erfüllten« Dasein verhelfen kann. Sie ist die Göttin Fortuna, die ihr Füllhorn über alle ausschütten möchte und unermüdlich dafür Sorge trägt, daß dieser Reichtum gehalten und genossen werden kann.

Situationen, die für einen Kiën- oder Dschen-Wesenstyp schwer zu verkraften sind, wie Sich-unterordnen- und Abwarten-Müssen, machen Sun keine Mühe. Die Herausforderungen der acht Phasen sind für sie ganz anderer Natur.

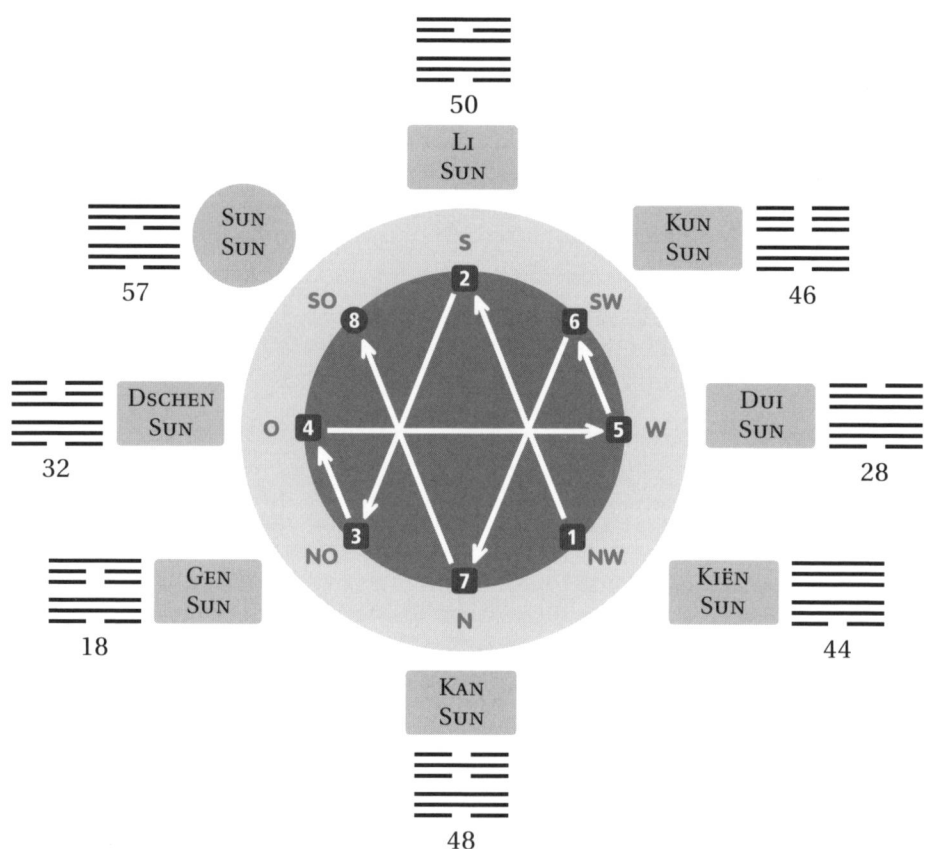

Die acht Phasen

1. Phase – Sun im Nordwesten (Kiën)

Unter dem Himmel weht ein sanfter Wind. Das ist verführerisch schön. Das Hexagramm Nr. 44, Gou – »Das Entgegenkommen«, könnte auch »Die Versuchung« heißen.

44 Das Entgegenkommen:

Man ist Versuchungen ausgesetzt, auf die man sich – meist aus Ahnungslosigkeit heraus – zunächst einläßt. Wenn man sie aber als Gefahr erkannt hat, gilt es, sich davon zu lösen.

2. Phase – SUN im Süden (LI)

SUN steht auch für Holz. »Über dem Holz ist Feuer: das Bild des Tiegels«: Hexagramm Nr. 50, DING – »Der Tiegel«.

50 Der Tiegel:

Man hat Zeit und die Ruhe, mit der eigenen Tiefe in Kontakt zu kommen. Es ist eine »Hoch-Zeit«, in der man die eigenen Bedürfnisse, Wünsche und Ziele in Einklang mit seiner Bestimmung und den Intentionen des Himmels bringen kann. Deshalb wird dieses Hexagramm auch »*Kosmische Ordnung*« genannt: »Das höchste Irdische muß dem Göttlichen geopfert werden.« Der Wille Gottes muß demütig entgegengenommen werden.

3. Phase – SUN im Nordosten (GEN)

Der Wind weht unten am Berg – ein Fallwind, der zu Kopfschmerzen führt. Hexagramm Nr. 18, GU – »Die Arbeit am Verdorbenen«.

18 Die Arbeit am Verdorbenen:

Man erkennt seine Fehler und Schwächen und macht sich daran, sie auszumerzen. Vom Himmel gesegnet ist dieses Bemühen!

4. Phase – SUN im Osten (DSCHEN)

Wind und Donner: innen das Sanfte, außen die Bewegung. Sanfte Bewegung, das ist das Hexagramm Nr. 32, HONG – »Die Dauer«.

32 Die Dauer:

Die Fortführung von Bewährtem ist angesagt. Aber Fortführung bedarf der Anpassung an die sich wandelnde Zeit. Sonst wäre es Stillstand.
Sanfter Wind und leiser Donner sorgen dafür, daß die Luft nie stickig wird, sondern frisch bleibt, das Wasser nie schal, sondern klar.

5. Phase – SUN im Westen (DUI)

Der See überschwemmt die Bäume: Hexagramm Nr. 28, DA GO – »Des Großen Übergewicht«.

28 Des Großen Übergewicht:

Probleme lasten schwer auf einem, aber es ist ein großes Werk, sie zu lösen. Der Himmel segnet die Bemühung. Es bedarf der Festigkeit im Charakter und einer heiteren Unverzagtheit. Das Problem will gründlichst analysiert werden, dann ergeben sich auch Lösungsmöglichkeiten.

6. Phase – Sun im Südwesten (Kun)

Das Holz wächst in der Erde empor. Hexagramm Nr. 46, Schong – »Das Empordringen«.

46 Das Empordringen:

Der Erfolg fällt einem nicht in den Schoß. Man braucht Stärke, Willenskraft und Beharrlichkeit. Man darf sich helfen lassen. Wenn man tüchtig ist und dabei sanftmütig auftritt, wird man Großes vollbringen.

7. Phase – Sun im Norden (Kan)

»Unten ist das Holz, oben das Wasser. Das Holz steigt in die Erde, um das Wasser heraufzuholen. Es ist das Bild des altchinesischen Wippbrunnens.« Hexagramm Nr. 48, Dsing – »Der Brunnen«.

48 Der Brunnen:

Indem man die wahren Gefühle der Mitmenschen (und seine eigenen) erkennt, vermag man beruhigend und ordnend einzugreifen und damit menschlichen Gemeinschaften zum Gedeihen zu verhelfen. Man darf sich aber nicht von Oberflächlichkeiten und Konventionen beeinflussen lassen.

8. Phase – Sun im Südosten (Sun)

»Einander folgende Winde: das Bild des Sanft-Eindringenden.« Hexagramm Nr. 57, Sun – »Das Sanfte, das Eindringliche, der Wind«.

57 Das Sanfte, das Eindringliche, der Wind:

Mit Sanftmut, Beständigkeit und der Fähigkeit, sich in Personen und deren Lage einzufühlen, erreicht man viel – vorausgesetzt, man ist sich darüber im klaren, was man will.

»Das sanfte Eindringen verleiht dem Charakter die Fähigkeit, die Außenwelt zu beeinflussen und in die Hand zu bekommen. Denn man vermag auf diese Weise die Dinge ihrem inneren Wesen nach zu verstehen, ohne daß man selbst hervorzutreten braucht. Hier liegt die Macht des Einflusses. Von hier aus vermag man die Ausnahmen zu machen, die durch die Zeit erfordert sind, ohne daß man inkonsequent wäre.« (*I Ging*, Seite 600)

Der Initiationsweg

Sun, die älteste Tochter, vielleicht das zweite Kind nach dem erstgeborenen Bruder, fügt sich problemlos in die Familie ein. Die Eltern atmen auf, hatten sie doch befürchtet, daß es wieder anstrengend und herausfordernd wird wie mit dem »donnerigen« ersten Kind. Aber jetzt sind sie ja schon »gelernte« Eltern und können sich bereits viel besser auf das Kleine einstellen als seinerzeit auf den Bruder. Außerdem sind Mädchen ohnedies sanfter, lieber und problemloser als die rabaukigen Buben – meinen sie.

Irgendwann fällt den Eltern auf, daß die Tochter, obwohl sie weniger Wind macht, es dennoch eher schafft, ihren Willen durchzusetzen. Sie hat eine stille, leise Konsequenz, weiß genau, wie sie Vater oder Mutter um den Finger wickelt und wann sich die beste Gelegenheit dazu bietet. Hat ihr erster Versuch keinen Erfolg, so schmollt sie nicht lange – laut aufzubegehren und zu toben wie der Bruder, ist ihr absolut fremd. Sie zieht sich zurück, spielt wieder wie vorhin, und man meint, sie hätte sich mit dem Nein der Eltern abgefunden.

In Wirklichkeit überlegt sie nur, wie sie es ein zweites Mal besser und geschickter anstellen könnte. Sie kann warten, lauert auf den geeigneten Augenblick einer schwachen Stunde der Eltern und verpackt ihre Forderung so raffiniert, daß die Eltern zunächst gar nicht merken, wofür sie ihre Zustimmung gegeben haben.

Wenn schließlich aus der Tochter eine erwachsene Frau geworden ist, so verfügt sie bereits über ein großes und erprobtes Repertoire an Strategien und ist kreativ genug, sich immer neue Varianten auszudenken.

Die erste Initiation für die strategisch begabte, sieggewohnte Sun-Natur ist eine bittere Niederlage: Sie wird mit ihren eigenen Waffen geschlagen!

Ein literarisch beeindruckendes Beispiel dafür finden wir in der Gestalt von Goethes Mephisto. Zu Beginn des *Faust*-Epos schließt Mephisto mit Gott eine Wette ab. Er meint, es wäre ihm ein leichtes, Faust vom rechten Weg des immer strebend bemühten Menschen abzubringen. Was fällt ihm dazu nicht alles ein! Ein wahres Feuerwerk an Versuchungen zeugt von der Sun-Kreativität des Teufels: Unschuldige Mädchen, lüsterne Hexen, Trank und Schmaus in Saus und Braus sind fast jedem aus dem ersten Teil des *Faust* bekannt. Im weniger geläufigen zweiten Teil geht es aber – in etwas sublimierter Form – weiter. Faust wird zum Günstling eines Kaisers und ehelicht

Helena, die schönste aller Frauen. Er macht Karriere als Heerführer und wird mit Besitz, Macht und den Insignien eines Herrschers ausgestattet. Man möchte Faust beneiden, wäre da nicht der Pakt mit dem Teufel, dem er für all das seine Seele verschrieb.

Dieser hatte mit Bravour nicht nur gute, sondern sogar beste Arbeit geleistet. Endlich, nach einigen Jahrzehnten, gigantischem Aufwand und fast unmenschlicher Geduld sieht sich Mephisto am Ziel: Der greise Faust, bereits erblindet, spricht die vertraglich vereinbarten Worte und sinkt ins Grab. Triumphierend bewacht der Teufel den Leichnam, da luchst ihm im letzten Moment der Herrgott die redlich verdiente Seele ab und entführt sie in den Himmel.

Wie aber gelingt es Gott, den Teufel zu überlisten? Er schickt wunderschöne Engel ans Grab – in den Augen des Mephisto himmlische Playmates, die seine Lüsternheit erregen, ihn ablenken – und schon ist Fausts Seele entwischt. »Ein großer Aufwand schmählich ist vertan, gemein Gelüst ficht selbst den ausgefuchsten Teufel an«, ärgert sich Mephisto.

Dieses Beispiel aus der Weltliteratur soll die Bedeutung der 1. Phase, die vom Hexagramm »**Das Entgegenkommen**«, das oft auch als »**Die Versuchung**« oder »**Die Verführung**« betitelt wird, illustrieren.

Ob allerdings für Mephisto seine Niederlage initiatische Wirkung hatte, das sei dahingestellt.

Die 2. Phase, »**Der Tiegel**«, ruft zur Opferung auf: »Das höchste Irdische muß dem Göttlichen geopfert werden.« Für die SUN-Natur, die Gefahr läuft, im höchsten Irdischen nur den Reichtum an Geld und Gütern zu sehen, geschieht die Opferung allerdings meist unfreiwillig.

»Geld macht nicht glücklich, aber es beruhigt«, lautet ein Sprichwort aus dem Volksmund. Wer reich ist, hat auch seine Sorgen – zumindest die, wie er seinen Reichtum schützt und verhindert, daß er verlorengeht.

Von diesen Sorgen befreit die »Tiegel«-Initiation: Die Aktien stürzen in den Keller, man verspekuliert sich auf dem Immobilienmarkt, Einbrecher knacken den Tresor oder entdecken den geheimen Sparstrumpf – es trifft auch diejenigen, die kleinere Brötchen backen.

Ein Lied aus alten Zeiten lautet: »Oh du lieber Augustin, Augustin, Augustin / Oh du lieber Augustin, alles ist hin / Geld ist weg, Gut ist weg …« – Wer die Melodie im Ohr hat, der bemerkt, daß sie fröhlich und beschwingt klingt.

In dem berühmten Film *Alexis Sorbas* wird geschildert, wie ein wohlhabender Grieche alles verliert und plötzlich seine Lebensfreude wiederfindet.

Eine SUN-Natur, die zu stark am Materiellen hängt, wird daran erinnert, daß das letzte Hemd keine Taschen hat. Aber noch lange bevor sie das Zeitliche segnet, ermöglicht ihr die als »Tiegel« bezeichnete Energie zu erkennen, daß der schöne Schein eben nur Schein ist, daß das Erleben eines Sonnenaufgangs, eines Regenbogens, das Murmeln eines Baches und der Blick in die Augen eines geliebten Menschen mehr Gehalt hat als die Güter des Konsums.

Schließlich finden sich Wege, die auch aus der materiellen Krise herausführen, und SUN entdeckt Begabungen und Lebensinhalte, die im immateriellen Sinne wertvoller sind als das, was sie vorher angestrebt hat.

Nach dem Erkennen der Irrtümer folgt die Ursachenforschung. Die 3. Phase, **»Die Arbeit am Verdorbenen«**, klingt zwar ungemütlich, macht aber Mut: Von »Gelingen« ist im Urteil die Rede, und »fördernd ist es, das große Wasser zu durchqueren«. Was hat mich auf diesen Irrweg gebracht, der in dieses Desaster führte? – Das Hexagramm Nr. 18 gibt die Antwort: Das Verdorbene resultiert aus den »niedrigen Stimmungen und Moden« der Gesellschaft. Es gilt, Normen und Wertvorstellungen der Gesellschaft kritisch zu hinterfragen.

Im Text zu diesem Hexagramm wird mehrfach geraten, sich mit den Eltern auseinanderzusetzen. Wo erfülle ich die Erwartungen meiner Eltern, aber es entspricht mir nicht; und was mache ich aus Trotz? In beiden Fällen bin ich unfrei und lebe nicht das, was meines wäre und mir gut tun würde. Mit dem Vater soll Sun kräftig streiten, mit der Mutter aber etwas nachsichtiger sein, denn an sie ist das eigene Urvertrauen gekoppelt. Das Ziel der Auseinandersetzung muß das Finden des eigenen Weges, aber auch die Versöhnung sein.

Die 4. Phase, **»Die Dauer«**, mahnt, sich auf das zu besinnen, was sich bewährt hat; auf das, was der SUN-Wesenheit liegt und was sie wirklich kann. Sie wird aber auch davor gewarnt, die Hände in den Schoß zu legen. Wer sich nicht fortbildet, sich nicht weiterentwickelt, wird vom Gang der Ereignisse überrollt. Als schmerzhafte Initiation ereilt es die, die sich zu lange auf ihren Lorbeeren ausgeruht haben und nun plötzlich – scheinbar über Nacht – von der Konkurrenz abgehängt werden.

Die schwierigsten Zeiten hat die SUN-Natur nun hinter sich, obwohl das Hexagramm der nächsten Phase, **»Des Großen Übergewicht«**, sie ebenfalls auf mühsame Arbeit einstimmt. Aber jetzt ist die Energie vorwärtsgerichtet. Das Vergangene ist bereinigt, die wesentlichen Irrtümer sind geklärt, SUN darf nun zukunftsweisende Arbeit verrichten. Anstrengungsbereitschaft und Gründlichkeit sind gefordert, und wenn die Sun-Natur unter der Last der Arbeit stöhnt, sei sie mit dem Spruch getröstet, der da lautet: »Der liebe Gott gibt einem nur die Aufgaben, die man auch wirklich bewältigen kann.«

Mit dem »**Empordringen**« der 6. Phase ist es ähnlich. Jetzt sind Stärke, Beharrlichkeit und Willenskraft gefragt. Manchmal ist Sun vielleicht verzweifelt, weil sie das Gefühl hat, keinen Millimeter voranzukommen. Doch sie darf nicht aufgeben. Ein paar Grashalme vermögen eine Betonstraße – nur mit Beständigkeit und unerschütterlichem Willen – zu sprengen und zu durchdringen, ohne physische Kraft und Gewalteinwirkung!

Während der 7. Phase, »**Der Brunnen**«, stehen nun die Bedürfnisse und Gefühle der Mitmenschen im Mittelpunkt. Jetzt ist die Sun-Natur soweit gereift, daß sie wie das Wasser auch Zugang zu den Tiefen der Psyche hat. Damit lernt sie, die wahren Gefühle und Motive der Menschen zu erkennen und verantwortungsbewußt und einfühlsam mit ihnen umzugehen.

> Somit sind alle Voraussetzungen zum Betreten des eigenen Himmelspalastes erfüllt. Die Sun-Wesenheit ist »**Das Sanfte, das Eindringliche, der Wind**«, sie hat ungeheuren Einfluß, kann viel bewirken, empfängt die Fülle des Lebens, genießt sie und teilt sie mit anderen.

Auch die berühmt-berüchtigte Circe wandelte sich zu einer hilfreichen Göttin. Dank ihrer Weitsicht wußte sie, welche Gefahren auf Odysseus noch lauerten, und sie verriet ihm die »Strategien«, mit denen er sie bestehen und glücklich zu seiner Penelope zurückkehren konnte.

KAN

Die Seelenführerin

Wasser – das Tiefgründige – mittlerer Sohn – Ohr
Norden – Winter – Lebensfluß

Das Wesen

Eine der Bedeutungen von KAN ist das tiefgründige Wasser. In allen Traumdeutungskonzepten steht Wasser für den Bereich des Seelischen. »Fördernd ist es, das große Wasser zu durchqueren«, lautet mehrfach eine Aufforderung im *I Ging*. Damit ist gemeint, daß das Problem im Emotionalen liegt und nur dort gelöst werden kann. Wenn man sich den Gefühlen stellt, so hat man Erfolg.

So wie das Wasser sich vertrauensvoll in die Tiefe stürzt, so tauchen KAN-Wesenheiten gerne in seelische Tiefen ein. Aber ebensowenig, wie man am Ufer eines Sees stehend einen Taucher sehen kann, sowenig sichtbar ist das »Gründeln« von KAN. Es spielt sich im Verborgenen, Verschwiegenen ab. Deswegen überraschen KAN-Naturen ihre Umwelt oft mit Entscheidungen, von denen keiner etwas geahnt hat. Da kündigt aus heiterem Himmel ein erfolgreicher, wohlsituierter Manager seinen Job, um in einem ganz anderen Beruf noch einmal von vorne anzufangen; da verläßt eine gut verheiratete, scheinbar glückliche Ehefrau und Mutter zum Entsetzen aller ihrer Verwandten und Bekannten und ohne ersichtlichen Grund ihren Mann.

Die mit dem KAN-Wesen ausgezeichneten Persönlichkeiten haben mehr als andere die Fähigkeit, auf ihre innere Stimme zu hören, ganz Ohr zu sein für ihre »Be-Stimm-ung«. Beherzt folgen sie meist diesem Ruf, kümmern sich weniger darum, was andere dazu meinen, gehen Risiken ein, die andere zurückschrecken ließen – so wie das Wasser, das keine Tiefe scheut und sich ohne Bedenken hinunterstürzt. Wenn sie dem inneren Ruf nicht folgen, so sind ihre Ohren besonders anfällig für Erkrankungen wie Mittelohrentzündung und Tinnitus.

KAN-Naturen gründeln gerne in der Tiefe ihrer Seele; aber sie versuchen zu sehr, alles mit sich selbst auszumachen. Es fällt ihnen schwer, sich mitzuteilen. Lieber leiden sie im stillen, als sich helfen zu lassen.

Andererseits zieht dieser Wesenstyp Menschen an, die jemanden suchen, bei dem sie ihr Herz ausschütten können. Bei der KAN-Natur finden sie Verständnis und können sicher sein, daß das, was sie ihr anvertraut haben, nicht weitererzählt wird.

Eine berühmte, für KAN typische männliche Heldenfigur ist Odysseus. Sein Listenreichtum gründet in der fundierten Kenntnis der Psyche. Da er selbst alle nur erdenklichen seelischen Höhen und Tiefen durchgemacht hat, ist ihm nichts Menschliches fremd.

Auch nutzt er seine Klugheit nur, um selbst durchzukommen, nicht um andere auszubeuten. Seine Treue zu Penelope ist sprichwörtlich; er nimmt alle Schrecken auf sich und geht durch alle Versuchungen hindurch, um zu ihr zurückkehren zu können. Keine noch so attraktive Frau kann ihn festhalten, selbst das Angebot einer Göttin, ihm die Unsterblichkeit zu verleihen, wenn er sie ehelichen und auf die Heimkehr verzichten würde, schlägt er aus. Nichts hält ihn von seinem Weg ab.

Die KAN-Natur ist in ihrem höchsten Potential eine Seelenführerin, die andere Menschen hilfreich durch Krisen begleitet.

Sie arbeitet häufig in Berufsfeldern wie Psychologie, Sozialarbeit, Seelsorge und Lebensberatung. Sie ist dafür besonders begabt und kann diese Arbeit um so besser leisten, je mehr sie selbst schon durch diese Tiefen gegangen ist, denn der Lernprozeß spielt sich nicht auf der intellektuellen, sondern – wie schon erwähnt – auf der emotionalen Ebene ab.

Dafür hält das Leben die Initiationsphasen bereit.

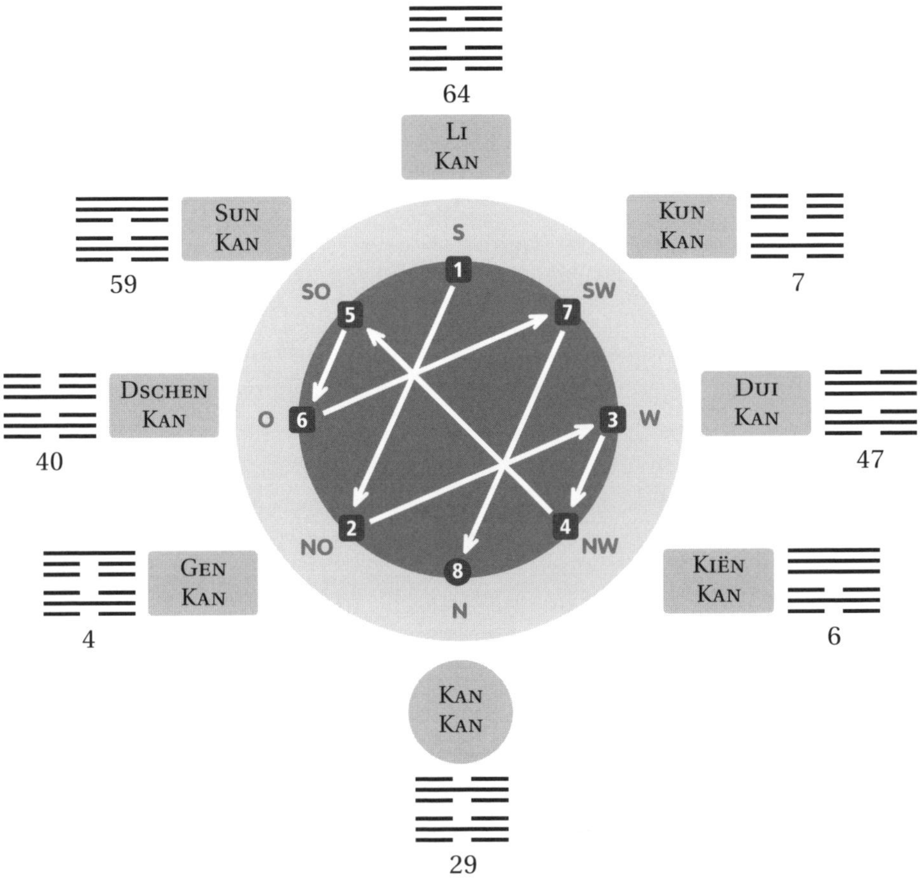

64

LI
KAN

SUN
KAN

59

KUN
KAN

7

S

SO   SW

DSCHEN
KAN

40

O   W

DUI
KAN

47

NO   NW

GEN
KAN

4

N

KIËN
KAN

6

KAN
KAN

29

Die acht Phasen

1. Phase – KAN im Süden (LI)

KAN, das Wasser, trifft gleich auf der ersten Station seines Weges auf LI, das Feuer, und wird in seinem ungestümen Dahinbrausen gehörig gebremst. Das Hexagramm Nr. 64, WE DSI – »Vor der Vollendung«, mahnt zu äußerster Vorsicht.

Im *I Ging* wird das Gleichnis vom jungen Fuchs gebracht, der beherzt und unbekümmert drauflosrennt und – als er beinahe schon das Eis überquert hat – einbricht und naß wird. Er muß sich die Vorsicht eines alten Fuchses aneignen, der stets auf das Krachen hört und sich sorgfältig und umsichtig die sichersten Stellen aussucht.

64 Vor der Vollendung:

Man sieht das Ziel unmittelbar vor Augen, doch darf man sich nicht zu früh freuen, sonst wird man unvorsichtig und verspielt alles. Überlegung, Vorsicht und die Unterscheidungsfähigkeit zwischen beherztem und unbesonnenen Verhalten sind die Grundbedingungen des Erfolges.

2. Phase – KAN im Nordosten (GEN)

Die Eigenschaft des oberen Trigramms ist das Stillehalten, die des unteren der Abgrund, die Gefahr. Das Gesamtbild zeigt eine Quelle, die am Berg entspringt. Das von Natur aus ungestüme Wasser läuft Gefahr, sich unbesonnen in die Tiefe zu stürzen. Das Stillehalten vor einem gefährlichen Abgrund ist ein Symbol der ratlosen Jugend. Hexagramm Nr. 4, MONG – »Die Jugendtorheit«.

4 Die Jugendtorheit:

Es ist nichts Schlimmes, wenn man sich die Unerfahrenheit eingesteht und sich helfen läßt. Bescheidenheit, Interesse und Lernbereitschaft sind die besten Voraussetzungen, um Probleme zu meistern.

3. Phase – KAN im Westen (DUI)

Oben ist der See, das Wasser darunter. Der See verliert also sein Wasser. Das Hexagramm Nr. 47, KUN heißt »Die Bedrängnis, die Erschöpfung«.

47 Die Bedrängnis, die Erschöpfung:

Man ist erschöpft und wird Zeit brauchen, den Energietank wieder zu füllen. Da den eigenen Worten die Kraft fehlt, werden sie nicht gehört. Doch das hat sein Gutes, denn es ist an der Zeit, nach innen zu gehen, in sich hineinzuhorchen (das Ohr wird KAN zugeordnet) weil man sonst Gefahr läuft, sich selbst untreu zu werden. Sich treu bleiben und immer wieder abtauchen in die tiefste Schicht des eigenen Wesens!

4. Phase – KAN im Nordwesten (KIËN)

KAN trifft im Nordwesten auf KIËN. Doch ihre Bewegungen sind gegenläufig. Die des Himmels geht nach oben, die des Wassers nach unten. Der Himmel über dem Wasser ergibt das Hexagramm Nr. 6, SUNG – »Der Streit«, und weist darauf hin, daß die Wurzeln der Auseinandersetzung in grundsätzlich unterschiedlichen Anschauungen und Orientierungen der Parteien zu suchen sind. Der Auslöser für den Streit ist also nur sekundärer Natur. Die Ursachen liegen tiefer.

6 Der Streit:

»Du bist wahrhaftig und wirst gehemmt.« Man soll sich darüber klarwerden, worum es einem in einer Auseinandersetzung wirklich geht, und danach trachten, Streit möglichst zu beenden. Nur ja nicht die Muskeln spielen lassen. Neutrale Vermittler sind hilfreich, weil mit deren Hilfe die ursächlichen Motive aufgedeckt werden können. Das erst ermöglicht gegenseitiges Verstehen und ein Loslassen der kämpferischen Umklammerung.

5. Phase – KAN im Südosten (SUN)

SUN, ein sanfter Wind, weht über das Wasser. Das bewirkt, »daß die Lebensenergie, wenn sie sich im Menschen staut (was durch die Eigenschaft des unteren Trigramms als Gefahr angedeutet ist), durch die Sanftheit wieder zerstreut und aufgelöst wird«. Hexagramm Nr. 59, HUAN – »Die Auflösung«.

59 Die Auflösung:

Trennendes, Verhärtetes kann sich lösen. Es entsteht ein Bewußtsein, daß man bei aller Gegensätzlichkeit gemeinsam im Boot sitzt, daß das Verbindende, Gemeinsame höherwertiger ist als das Trennende. Man soll deshalb alles tun, um mit den Mitmenschen wieder in Einklang zu kommen, und Milde und Verzeihung walten lassen.

6. Phase – KAN im Osten (DSCHEN)

Donner und Regen erheben sich, der Donner verhallt über dem Wasser. Hexagramm Nr. 40, HIË – »Die Befreiung«.
Der Reifungsprozeß von KAN ist nun soweit fortgeschritten, daß die Vitalität zurückkehrt und das Wasser sich seines Temperaments wieder freuen kann. Der »Kooperation« mit DSCHEN, dem Donner, ist KAN nunmehr gewachsen.

40 Die Befreiung:

Donner und Regen haben eine befreiende, reinigende Wirkung.
Man lernt, beherzt und im rechten Moment einzugreifen. Spannungen lösen sich, ein neuer Frühling kehrt ein. Man darf nicht nachtragend sein.

7. Phase – KAN im Südwesten (KUN)

KAN ist von KUN, der Erde, umgeben. Erde kontrolliert, begrenzt das Wasser. Das Wasser ist am Fortfließen zunächst gehindert und sammelt sich. Dadurch verstärkt sich die Energie, die dann gezielt und wie in einem Wasserkraftwerk nutzbringend eingesetzt werden kann. Hexagramm Nr. 7, SCHÏ – »Das Heer«.

7 Das Heer:

Die Lage ist gespannt. Doch mit Selbstbeherrschung und Disziplin läßt sie sich meistern. Man muß integer und authentisch sein, den Mitmenschen gegenüber weitherzig und großzügig.

8. Phase – KAN im Norden (KAN)

Wasser im Norden ergibt das Doppelzeichen Nr. 29, KAN – »Das Abgründige, das Wasser«. Gefährlich ist es nur für diejenigen, die Angst haben, in ihre eigenen seelischen Tiefen – dafür steht das Wasser – hinabzutauchen. Sie auszuloten hat für die Menschen in der abendländischen Kultur dank der Entwicklung der Psychologie in den letzten Jahrzehnten viel an Schrecken verloren. Deswegen ist der Ausdruck »Das Tiefgründige« statt »Das Abgründige« (Übersetzung von R. Wilhelm) heutzutage passender.

29 Das Abgründige, das Wasser:

»Wenn du wahrhaftig bist, so hast du im Herzen Gelingen, und was du tust, hat Erfolg.« Wahrhaftig zu sein heißt hier, sich selbst immer treu zu bleiben. Wenn man in schwierigen Zeiten einer Situation innerlich Herr wird, so löst sie sich im Äußeren wie von selbst. Die KAN-Natur hat gelernt, in ihrem Vorwärtsdrängen wahrhaftig, gründlich, einfühlend und respektvoll zu sein.

Der Initiationsweg

Die KAN-Natur kennt keine Angst, ist stolz auf ihren Mut. Das kann zu Übermut führen. Dann wird aus Beherztheit Dummheit. Das Gleichnis vom Fuchs, der auf dünnem Eis einbricht, macht dies deutlich. In der 1. Phase der Entwicklung, »**Vor der Vollendung**«, muß KAN lernen, unbegründete Ängstlichkeit und berechtigte Vorsicht voneinander zu unterscheiden.

Als nächstes (2. Phase: »**Die Jugendtorheit**«) merkt die KAN-Wesenheit, daß sie in vielem noch unwissend ist und zu lernen hat, wenn sie nicht als vorwitzig angesehen werden will. Auch gibt es Gefahren, die sie nicht aus eigener Kraft meistern kann, in denen sie der Führung und Hilfe anderer bedarf. Für KAN ist das Eingeständnis von Ratlosigkeit und das Bitten um Hilfe eine harte Übung!

Der Anspruch, den KAN an sich selbst hat – nämlich alles aus eigener Kraft meistern zu wollen, birgt noch eine andere Gefahr: die totale Erschöpfung.

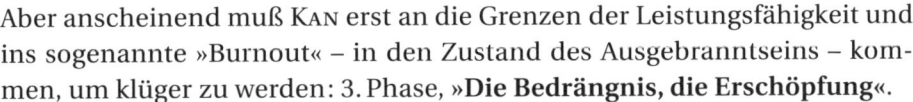

Aber anscheinend muß KAN erst an die Grenzen der Leistungsfähigkeit und ins sogenannte »Burnout« – in den Zustand des Ausgebranntseins – kommen, um klüger zu werden: 3. Phase, »**Die Bedrängnis, die Erschöpfung«**.

Der nächste Entwicklungsschritt beinhaltet »**Streit**« (4. Phase). Hier ist gerade die KAN-Natur mit ihrer Fähigkeit zur Tiefenlotung prädestiniert für die Erkenntnis, daß der Auslöser des Streits nicht mit der eigentlichen Ursache identisch sein muß. Aber dieser Lernprozeß vollzieht sich nicht im theoretischen Diskurs, sondern in leidvoll erlebter Auseinandersetzung.

Auf der ersten Hälfte des Weges zu ihrem eigenen Himmelspalast ist KAN hart geprüft worden. Ihr Stolz, alles selbst meistern zu können, ist gebrochen. Sie lernt, auf Warnungen zu hören, sich belehren, sich helfen zu lassen, in Zeiten der Bedrängnis durch Erschöpfung – eventuell Krankheit – auch therapeutische Hilfe und Pflege in Anspruch zu nehmen und in harten Auseinandersetzungen eine Vermittlung einzuschalten.

Der Wandlungspunkt ist erreicht. Ab jetzt geht es aufwärts. Der sanfte Wind, SUN, heilt die Wunden. Alle Bemühungen um Versöhnung sind vom Himmel gesegnet: 5. Phase, »**Die Auflösung«**.

Ist das Werk der Aussöhnung – mit den Mitmenschen, den Lebensumständen und mit sich selbst – vollbracht, kehrt die Energie zurück. Die KAN-Wesenheit erlangt wieder ihre Frische und Beherztheit. Dies ist befreiend (6. Phase: »**Die Befreiung**«) für sie selbst, aber auch für die Umwelt. Die gute Laune steckt an, und mit der neugewonnenen Vitalität vermag sie in schwierigen Situationen klärend und befreiend einzugreifen.

Auf der 7. Etappe, »**Das Heer**«, geht es darum, sich in den Dienst einer Aufgabe zu stellen, die Kraft, Disziplin und Entschiedenheit verlangt.

Schließlich kommt KAN in den eigenen Himmelspalast: »**Das Abgründige (Tiefgründige), das Wasser**«. Als gereifte Persönlichkeit hört sie den Ruf der inneren Stimme, bleibt dem eigenen Wesen treu und erkennt, daß Schwierigkeiten und Hindernisse im Alltag nur Spiegelbilder innerer, seelischer Konflikte sind.

Was man für sich selbst erkannt und gemeistert hat, muß man anderen zugute kommen lassen. Und so wird die KAN-Natur zur Lebensberaterin für andere. Sie erlebt, daß sie das Vertrauen von Menschen gewinnt, die auf der

Suche nach ihrem Weg sind und sich Hilfe erhoffen. Dafür muß man nicht Psychologin oder Sozialarbeiter sein, obwohl man dazu bestimmt geeignet wäre. Man ist vielleicht Seelentrösterin oder Beichtvater im Betrieb (KAN ist verschwiegen!), die Leute haben Vertrauen und ahnen, daß sie wegen ihrer Irrtümer und Irrwege nicht gleich verurteilt werden. KAN-Naturen als Vorgesetzte wissen um die Nöte ihrer Lehrlinge und um die Krisen ihrer Mitarbeiter.

Die vom KAN-Wesen durchdrungene Persönlichkeit vermag ihre Mitmenschen durch alle Finsternisse und Irrwege zu begleiten. Dank des eigenen Initiationsweges hat sie Verständnis für die Torheiten der Jugend, kennt den Zustand von Erschöpfung und depressiven Stimmungen und hat gelernt, die Hintergründe von Konflikten auszuleuchten. KAN weiß, wie wichtig Versöhnung ist und wie man handeln muß, um sich aus vertrackten Situationen zu befreien; sie kann aber auch die Ärmel aufkrempeln und – wenn nötig – ihren Schützlingen kämpferisch zur Seite stehen. Schließlich weiß KAN aber auch sich zurückzuziehen, wenn die andere Person ihren Weg gefunden hat und imstande ist, ihn selbst zu gehen.

Eine Parabel für den Initiationsweg eines KAN-Wesenstyps ist die bereits erwähnte Odysseus-Sage.

Der Beginn der Irrfahrt von Odysseus wird nur durch seinen unverfrorenen Leichtsinn ausgelöst (»**Die Jugendtorheit**«). Nachdem er mit seinen Kriegern das lange belagerte und endlich besiegte Troja verlassen hat, verläuft die Heimreise zunächst ganz nach Plan. Die ersten beiden Abenteuer sind freiwilliger Zeitvertreib und nicht schicksalhafter Fluch. Das Unglück beginnt erst, als Odysseus – alle Warnungen aus dem Wind schlagend – sich mit einigen Gefährten in der Höhle des einäugigen Riesen Polyphem ungefragt einnistet und an dessen Vorräten vergreift. Polyphem quittiert dies damit, daß er sie einsperrt und einige Gefährten zum Abendessen verspeist. Odysseus aber entkommt dem Unhold, indem er ihn besoffen macht und ihm das einzige Auge aussticht. Triumphierend über die ihm gelungene List verhöhnt er dann vom Schiff aus und in sicherer Entfernung den Geblendeten und gibt sich als der große Odysseus zu erkennen.

Der Riese aber bittet seinen Vater, den Meeresgott Poseidon, ihn zu rächen. Erst jetzt beginnt die eigentliche Irrfahrt, auf der Odysseus das Lästern und Lachen gründlich vergeht.

Es folgen Abenteuer, die alle an ihre Grenzen bringen. Odysseus und seine Helden wissen oft nicht vor und zurück. Ihnen bleibt nur das blanke Entsetzen und das Beweinen der getöteten oder ertrunkenen Kameraden. Tatenlos müssen die Überlebenden zusehen, wie ihre Mannschaft dezimiert wird – froh, selbst noch am Leben zu sein (»**Die Bedrängnis, die Erschöpfung**«). Die Wende kommt erst, als sich die Götter selbst ihrer erbarmen und ihnen helfen.

Dies ist die Folge der entscheidenden inneren Wandlung: den Stolz, alles selbst meistern zu wollen, abzulegen und um Hilfe zu bitten. Die Reise ist jedoch noch lange nicht zu Ende.
Odysseus muß in den Hades hinabsteigen, um dort den weisen Seher Theresias zu befragen. Er trifft dort viele verstorbene Freunde und Kameraden und in der Rührung des Wiedersehens schmilzt alter Groll dahin (»**Der Streit**« und »**Die Auflösung**«).

Dem betörenden Gesang der Sirenen vermag Odysseus dank der bereits gelernten Lektion an Vorsicht zu widerstehen, und auch auf die folgenden schrecklichen Abenteuer – wie etwa in der Meeresenge »Skylla und Charybdis« – ist er vorbereitet.
Schließlich ist die eigentliche Irrfahrt durch die Geisterbahn der Antike beendet (»**Die Befreiung**«). In Kalypsos Armen ruht er sich aus, mit den Phäaken feiert er.
Wieder heimgekehrt besteht er auch noch den Kampf mit den um seine Frau buhlenden Freiern (»**Das Heer**«), schließt seine Penelope in die Arme und ist wieder König im eigenen Land.

Lɪ

Der Lichtbringer

Feuer – das Haftende, das Denken – mittlere Tochter – Auge
Süden – Hochsommer – Anerkennung

Das Wesen

Das Trigramm Lɪ – wie Licht – ist im Süden beheimatet – da, wo die Sonne
am höchsten steht und Menschen und Dinge den kürzesten Schatten werfen.
Lɪ-Wesenheiten ist besonders die Fähigkeit des klaren Denkens zu eigen.
Während andere noch im dunkeln tappen, haben sie den Durchblick und
helfen denen, die desorientiert sind, sich zurechtzufinden. Lɪ-Naturen sind
meist gute Didaktiker, die komplizierte Sachverhalte klar und »ein-leuch-
tend« darzustellen wissen. »So erleuchtet der große Mann durch Fortsetzung
dieser Helle die vier Weltgegenden.«

Damit stehen sie in gewissem Sinne im Rampenlicht. Dank und Anerkennung für ihre Leistung, für die Orientierung, die sie vermittelt, und die Klärung, zu der sie verholfen haben, ist ihnen gewiß.
Wer aber im Lichte steht, dessen Schattenseiten werden ebenfalls offenbar.
Das bedeutet zwar nicht, daß der Lɪ-Wesenstyp perfekt sein muß, aber er
soll lernen, zu seinen Schwächen stehen und zugeben können, wenn er etwas nicht weiß. Wehe, wenn er nicht authentisch ist und Wasser predigt,
während er Wein trinkt!

Das Auge ist das dem Lɪ zugeordnete Organ. Es kann ins Auge gehen, wenn
man als Lɪ-Natur nicht wahrhaftig ist; die Sonne des Südens bringt es ans
Licht. Wenn man Problemen nicht klar ins Auge blickt, schwächt sich oder
erkrankt bei einem Lɪ dieses Sinnesorgan schneller als bei allen anderen.

Das Hexagramm Li wird auch »Das Haftende, das Feuer« genannt. Das Feuer kann nur brennen, wenn es an einem Brennmaterial haftet. Der Li-Wesenstyp ist vielseitig interessiert und leicht entflammbar, also leicht zu begeistern. Aber so, wie die Flammen leicht auf anderes Brennbares überspringen können, so leicht wechselt auch bei ihm der Gegenstand des Interesses. Ausdauer und Geduld gehören nicht zu seinen Charakterstärken. Wenn gerade nichts da ist, woran die Flamme des geistigen Interesses sich nähren könnte, taucht Leere auf.

Ein Urlaub, der »nur« aus Entspannen und Nichtstun, aus Baden, Sonnen, Bummeln und dem Lesen anspruchsloser Unterhaltungslektüre besteht, ist für Li schwer vorstellbar. Er braucht geistigen Stoff, besucht Seminare, unternimmt Kunstreisen, nutzt die Zeit zum Studium fremder Kulturen, dem Erlernen einer Sprache oder ähnlichem.
Li-Naturen lieben auch die gedankliche Beschäftigung mit der Faustschen Frage nach dem, »was die Welt im Innersten zusammenhält«.

Das Feuer ist ein Symbol für Geistigkeit, für Transzendenz. Das erklärt die Vorliebe für philosophische Fragen und eine gewisse Neigung zum Priestertum. Seine Weltanschauung liegt dem Li-Wesenstyp sehr am Herzen. Er läuft Gefahr, missionarisch zu werden, sich als Guru aufzublähen oder als Phantast den Realitätsbezug zu verlieren.

Auch wenn er weniger abgehoben ist, kann er unangenehm werden: Der moralisierende Prediger, der »Oberlehrer«, der meint, die Welt zu verstehen und anderen erklären zu können, obwohl er selbst nie aus dem Glaskasten schulischer Institutionen herausgekommen ist, der Bildungsbürger, der in jedem Gespräch seine Mitmenschen mit Zitaten nervt, der unermüdliche Ratgeber, der nicht weise, sondern altklug ist und »Rat-Schläge« erteilt, die keinen interessieren – sie alle sind wenig erquickliche Li-Exemplare.

Damit rufen sie Gegner auf den Plan, die sich häufig nicht im Lichte zeigen, sondern heimlich anschleichen, um diese Gallionsfigur vom Podest zu stoßen.

Sehr schön bringt dies Wilhelm Busch in der Episode um Lehrer Lempel zum Ausdruck. Zu nachtschlafender Zeit schleichen sich Max und Moritz heran und sägen
»ritze, ratze, voller Tücke
in die Brücke eine Lücke«.

Lehrer Lempel – aus seligem Schlummer geweckt – flüchtet aus dem von Krabbeltieren wimmelnden Haus auf die Brücke des vor seiner Hütte fließenden Bachs und stürzt prompt ins Wasser. Wie ein begossener Pudel steht Herr Oberlehrer jetzt in Nachthemd und Zipfelmütze da. Für die Feuer-Natur der Li-Wesenheit kommt dies einem Weltuntergang gleich; aus initiatischer Sicht ist dies ein notwendiges, wenn auch böses Erwachen aus Überheblichkeit und Eingebildetsein.

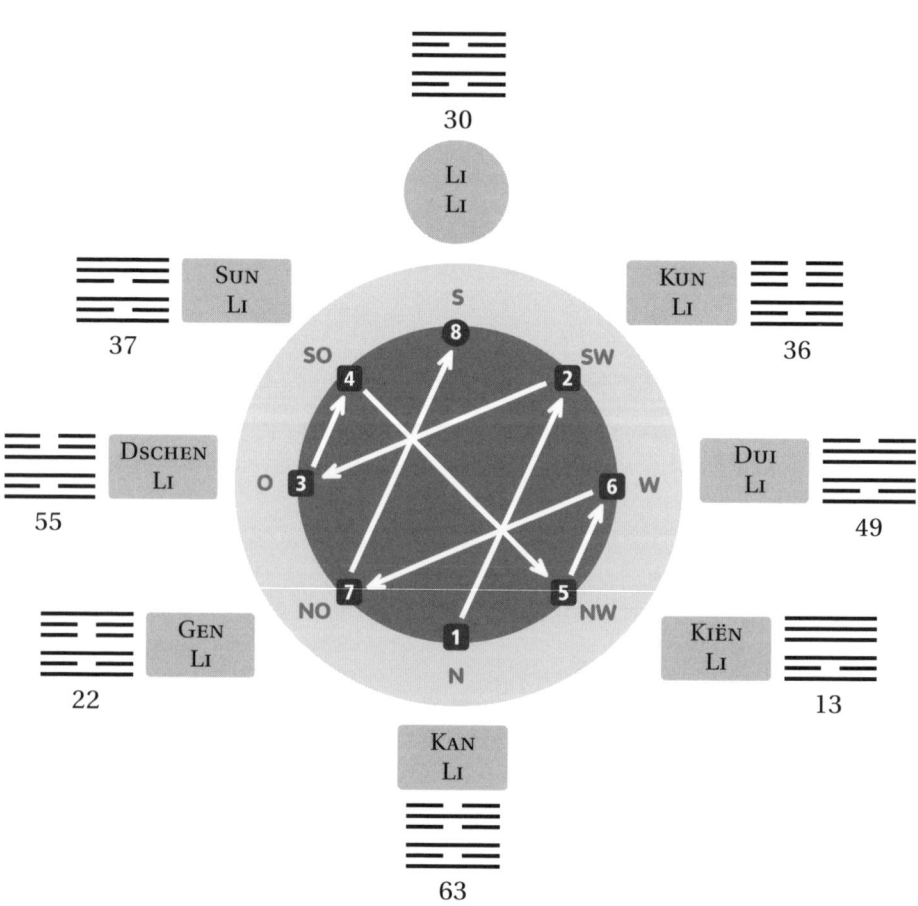

Die acht Phasen

1. Phase – Li im Norden (Kan)

Oben Kan und unten Li ergibt ein Bild, in dem Yang- und Yin-Linien sich abwechseln und jede an ihrem Platz ist – eigentlich das Bild der Vollendung. Aber da der Kosmos immer dynamisch und nie statisch ist, heißt dieses Hexagramm »Nach der Vollendung«, Nr. 63, Gi Dsi.

63 Nach der Vollendung:

Man hat seine Ziele erreicht, ist am Zenit angelangt. Man feiert und freut sich seiner Erfolge. Doch Vorsicht: Ein neuer Lebenszyklus beginnt, und man fängt wieder klein an. Immer dann, wenn man sich zu sehr im Lichte sonnt und selbstzufrieden ist, geht etwas schief.

2. Phase – Li im Südwesten (Kun)

Die Sonne sinkt unter die Erde, das Licht wird vom Dunkeln verschluckt, deswegen heißt dieses Hexagramm »Die Verfinsterung des Lichts«, Nr. 36, Ming I.

36 Die Verfinsterung des Lichts:

»Fördernd ist es, in der Not beharrlich zu sein.« Nach außen hin muß man nachgiebig und fügsam sein. Man ist gezwungen, sein Licht unter den Scheffel zu stellen, und kann lernen, Verhältnisse zu akzeptieren, die man nicht verändern kann. Man soll die Zeit nutzen, um für sich seine eigene Wahrheit zu erkennen.

3. Phase – Li im Osten (Dschen)

Li und Dschen – die Flamme und das Erregende, Blitz und Donner reinigen die Atmosphäre, sorgen für Klarheit und sind geballte Energie. Das Hexagramm Nr. 55 heißt Fong – »Die Fülle«.

55 Die Fülle:

»Eine Zeit höchster Größe und Fülle ist beschieden.« Jetzt kann man Wert und Unwert voneinander unterscheiden, die Spreu vom Weizen trennen und Weichen für die Zukunft stellen. Dann ist man gewappnet, wenn sich die – von vornherein nur begrenzte – Zeit der Fülle zu Ende neigt.

Wer sich jetzt schon am Ziele wähnt, der wird von einer Sonnenfinsternis verschluckt, erlebt erneut »Die Verfinsterung des Lichts«.

4. Phase – Lɪ im Südosten (Sᴜɴ)

Die Hitze des Feuers erzeugt einen sanften Wind, der nach außen weht. Hexagramm Nr. 37, Gɪᴀ Jᴇɴ – »Die Sippe«.

37 Die Sippe:

Man nimmt eine zentrale Rolle in der Gemeinschaft ein, weil man mit wenigen, aber kraftvollen Worten, die den Kern der Sache berühren, für Klarheit sorgt. Sachlichkeit, Verbindlichkeit in den Absprachen und liebevolle Zuneigung sind der Garant für das Gedeihen der Sippe.

5. Phase – Lɪ im Nordwesten (Kɪᴇ̈ɴ)

»Die Natur des Feuers ist es, emporzulodern zum Himmel.« Die Menschen kommen herbei und versammeln sich um das Feuer. Hexagramm Nr. 13, Tᴜɴɢ Jᴇɴ – »Gemeinschaft mit Menschen«.

13 Gemeinschaft mit Menschen:

Wenn man klare, einleuchtende Ziele hat und die Kraft, sie zu realisieren, dann scharen sich die Menschen um einen. Es bildet sich eine Gemeinschaft, die Großes zuwege bringt. »Fördernd ist es, das große Wasser zu durchqueren.«

6. Phase – Lɪ im Westen (Dᴜɪ)

Im See ist Feuer: Das gibt Konflikte, es zischt und dampft. Doch wenn man den Dampf auf die richtigen Turbinen leitet, so bewegt man viel: Hexagramm Nr. 49, Gᴏ – »Die Umwälzung, die Mauserung«.

49 Die Umwälzung, die Mauserung:

Man findet sich in Verhältnissen, die von Grund auf geändert werden sollten. Ist man frei von selbstsüchtigen Zielen, ist man sich der Tragweite seines Handelns und der damit verbundenen Verantwortung für die Menschen bewußt, dann ist Erfolg beschieden.

7. Phase – Lɪ im Nordosten (Gᴇɴ)

Das Feuer leuchtet aus der Höhle des Berges heraus und vermittelt Heimeligkeit und Glanz, wo sonst furchtbares Dunkel herrschen würde. Hexagramm Nr. 22, Bɪ – »Die Anmut«.

22 Die Anmut:

Man freut sich an der Anmut, an den Schönheiten dieser Welt. Aber sie ist nicht das Wesentliche, und man darf die Form nicht mit dem Gehalt verwechseln. Aber das, worum es geht, darf durchaus in gefälliger Weise präsentiert, vermittelt werden. »Im Kleinen ist es fördernd, etwas zu unternehmen« – aber nicht im Großen!

8. Phase – Li im Süden (Li)

Doppeltes Feuer: Hexagramm Nr. 30, Li – »Das Haftende, das Feuer«.

30 Das Haftende, das Feuer:

»So erleuchtet der große Mann die vier Weltgegenden.« Mit dieser Energie im Rücken vermittelt man Sinn, Wert und Orientierung. Als »großer Mann« beziehungsweise »große Frau« steht man aber auch im Rampenlicht und wird an den eigenen Wertvorstellungen gemessen. Wenn sich die eigene Ethik den Gesetzen der Natur unterordnet (in einer korrekten Übersetzung der biblischen Schöpfungsgeschichte heißt es: »Macht euch *der* Erde untertan.«) und die Aussagen »in doppelter Klarheit« leuchten, so ist man zum geistigen Führer berufen, *ist Leuchtturm, nicht Kapitän!*

Der Initiationsweg

Wer im Licht steht und für andere ein Lehrer, ein Künder ist, der muß damit rechnen, daß er selbst sehr kritisch begutachtet wird. Man folgt ihm nur dann, wenn er authentisch ist und selbst das lebt, was er predigt.
Um aber die eigene Position im Rampenlicht zu halten, reicht es nicht aus, die Routine zu perfektionieren. Man muß immer mit dem Herzen dabei sein. Die Zeit steht nicht still, und die Entwicklung, die eine Gesellschaft und deren Individuen durchmachen, verlangen Bewegung. Deshalb ist jeder Erfolg als Li nur von begrenzter Dauer.

»**Nach der Vollendung**« heißt das Hexagramm der 1. Initiationsphase. Mißerfolg steht ins Haus. Wer im vollen Bewußtsein seines Könnens überheblich oder gleichgültig wird, der macht Fehler, die nicht nötig gewesen wären. Das wird ihm, der in gewissem Sinne als Vorbild gilt, übel genommen. Man verzeiht ihm kaum, und bei wiederholter Verfehlung stößt man ihn vom Podest.
Das Bild dieses Hexagramms der 1. Phase von Li ist sehr sprechend: Ein Wasserkessel hängt über dem Feuer. Wenn das Feuer zu stark ist, verdampft das Wasser – man hebt ab, schwebt in höheren Sphären und verliert den Kontakt zur Realität, oder man schäumt über vor flammender Inbrunst und verbrüht alles um sich herum. Da ist es besser, wenn man freiwillig die Bühne verläßt und sich eine neue Herausforderung sucht. Doch das schafft kaum jemand, und insofern ist das Scheitern eine sehr hilfreiche Erfahrung.

Wer sich nun immer noch nicht bescheiden kann, wer meint, klotzen zu können und kämpfen zu müssen, den trifft die nächste Phase der Initiation nur um so härter: »Die Verfinsterung des Lichts«. Denn je stolzer er auf seine Erfolge verweist, desto mehr Unmut und Neid erweckt er und stärkt dadurch noch die Energie seiner Gegner. Deswegen ist er gut beraten, sein Licht unter den Scheffel zu stellen und sich nach außen hin konziliant und fügsam zu geben. Die Lı-typischen Schätze wie Klarheit, Erkenntnis etc. sind nicht weltliches Gut, sondern geistiger Natur – die kann ihm ohnehin niemand rauben.

Durch den Verzicht auf – ohnehin aussichtslose – Scharmützel hat man seine Kräfte frei für die notwendige Entwicklung im Inneren. Das ist der tiefere Sinn der »Verfinsterung des Lichts«, die noch eine weitere Bedeutung hat: Lı-Naturen mit ihrer Begabung für das Lehren und Künden verhelfen anderen vom Nichtwissen zum Wissen, von der Desorientierung in die Klarheit. Indem sie selbst die Erfahrung machen, wie es ist, nicht mehr zu wissen, wo es langgeht, können sie sich später gut in die Situation ihrer »Schüler« hineinversetzen und sie so noch besser unterweisen.

Die Zeit der »Verfinsterung des Lichts« geht vorüber, die Wolken reißen auf, die Sonne scheint. Man findet sich wieder zurecht. Blitz und Donner zerschmettern nochmals alte Egokrusten und gewähren gleichzeitig einen Blick in die Zukunft.

Nach einer angemessenen Zeit der Entwicklung im Verborgenen taucht man wieder auf, man darf und soll sich zeigen. Das Hexagramm der 3. Phase heißt »Die Fülle«. Doch auch die Zeit der Fülle ist begrenzt wie die Zeit, in der die Sonne am Zenit steht. Sie dient der Standortbestimmung. Wer sich schon am Ziel wähnt, der fällt zurück. »Sei nicht traurig, du mußt sein wie die Sonne am Mittag.« Tag und Nacht wechseln sich ab, und in der Nacht kann man über das nachdenken, was man am Tag gesehen und erlebt hat.

Derjenige aber, der sich mit seiner Standortbestimmung vorerst zufrieden gibt, sich wieder zurücknimmt und an der »Ent-Wicklung« des Neuen arbeitet, kommt in die 4. Phase: »Die Sippe«. Wahrscheinlich registriert er, daß sogenannte Freunde, die sich früher in seinem Glanze gesonnt haben, kaum noch auftauchen. Er entdeckt womöglich auch wertvolle und sympathische Seiten an Personen, von denen er früher nicht soviel gehalten hat – ähnlich dem Märchenhelden, der den Charakter derer nun schätzen lernt, die für ihn nur »räudige Füchse« gewesen sind.

Diese Erfahrung läßt ihn reifen. Wenn ihn der Erfolg als Künder in früheren Zeiten zu Großspurigkeit und Großmäuligkeit verleitet hat, so fällt dies jetzt von ihm ab. Von sich selbst überzeugt, hatte er seine Umgebung nicht mehr richtig wahrgenommen. Jetzt ist er wieder imstande, sich auf seine Mitmenschen zu beziehen, ihnen Rechnung zu tragen, und er lernt, mit weniger Worten und in stillerer, aber um so treffenderer Art auszusprechen, worum es ihm geht. Damit erreicht er sie mehr denn je.

Die Beziehung zu seiner Familie ändert sich. Indem er vom Licht mehr in den Schatten, von einer Yang- in eine Yin-Phase »übergewechselt« ist, können die anderen Mitglieder der »Sippe« die gegenläufige Entwicklung nehmen. Immer nur im Schatten des »großen Mannes«, der »großen Frau« zu stehen, ist bei aller Einsicht und allem Einverständnis unbefriedigend und ein Verrat am eigenen Potential.

Die Beziehungen innerhalb der Familie machen ebenfalls eine Entwicklung durch, sie werden reifer und partnerschaftlicher.

Nachdem sich im engsten Familienkreis die Beziehungen erneuert haben, so geschieht dies nun auch im Freundeskreis, allerdings mit dem Unterschied, daß die Fluktuation größer ist. Denn mit einer sich wandelnden Li-Natur, die in ihrem Leben nun andere Prioritäten setzt, neue Interessen verfolgt, womöglich sogar andere Werte entdeckt, lebt und verkündet, ändert sich auch der Personenkreis, mit dem man gemeinsame Interessen teilt und bei dem man Anklang und Verständnis findet.

Der Li-Wesenstyp nimmt auch hier schnell eine zentrale Rolle ein. Und so geht es in diesem 5. Entwicklungsschritt, der vom Hexagramm »**Gemeinschaft mit Menschen**« beschrieben wird, darum, daß diese Personen als »Wahlverwandte« zueinanderfinden, daß sie um die Li-Person herum eine Gemeinschaft bilden, sich eine Struktur geben, Ziele setzen und sinnvolle Aktivitäten unternehmen. Es ist ein Prozeß, vergleichbar der Gründung einer Gesinnungsgemeinschaft – ob es sich nun um politische Ziele, religiöse Inhalte oder beispielsweise um eine ökologisch ausgerichtete Bewegung handelt.

Wenn Neues sich etablieren will, so stößt es auf Widerstand. Doch in der 6. Phase, »**Die Umwälzung, die Mauserung**«, hat man als Li Rückenwind. Die Sterne stehen günstig, und mit Überlegung und Entschiedenheit verhilft man dem Neuen zum Durchbruch.

Dabei muß man absolut integer sein und darf nicht in den Verdacht geraten, persönliche, egoistische Ziele zu verfolgen. Das Zeichen der Umwälzung kommt dem Begriff der Revolution nahe – sie hat nur dann wirklich Erfolg, wenn sie unblutig verläuft. Im Kommentar des *I Ging* wird man ausdrücklich dazu ermahnt, Ausschreitungen zu verhindern.

Damit das Neue auch wirklich akzeptiert wird, muß es gefällig sein. Viele Weltverbesserer scheitern daran, daß sie zu sehr den Verzicht auf liebgewordene Gewohnheiten predigen und zuwenig die schönen Seiten des Neuen betonen. Das Hexagramm »**Die Anmut**« der vorletzten Phase weist darauf hin.

Und so ist man wieder am Zenit angelangt. Man ist »**doppeltes Feuer**« und erleuchtet als solches die vier Weltgegenden. Es bedarf keiner eloquenten Beredsamkeit, keiner großen Gesten – das Charisma des Lı-Wesenstyps strahlt auch ohne viele Worte. Lı hat es verdient, sich zu freuen, zu feiern und gefeiert zu werden. Doch nicht zu lange, denn auch für den Künder der Transzendenz, der Unendlichkeit des Geistes, beginnt bald ein neuer Zyklus.

Dui
Die Moderatorin

See – das Heitere – jüngste Tochter – Mund
Westen – Herbst – Produktivität

Das Wesen

Das Trigramm Dui bedeutet das Heitere und der See, es steht für die jüngste Tochter und den Mund. Im Jahreszyklus ist ihm die Zeit der Ernte zugeordnet. Man freut sich über das Geschaffene, dankt Gott beziehungsweise den himmlischen Mächten für ihre Unterstützung und bittet sie um ihren Segen. Mit Freunden und Kollegen bespricht man die vergangene Saison, tauscht Erfahrungen aus, schließlich feiert man.

Die Dui-Wesenheit versteht es, diese Zusammenkünfte zu arrangieren. Im ländlichen Bereich ist es das Erntedankfest, auf dem Gebiet der Wirtschaft die Messe und in wissenschaftlichen Kreisen der Kongreß, auf dem die Ergebnisse von jahrelanger, mühsamer Forschung mitgeteilt, diskutiert und schließlich gefeiert werden.

Dui-Naturen sind kommunikationsfreudig (Mund) und strahlen Fröhlichkeit aus. Selbst wenn sie klagen und schimpfen, so tun sie dies mit Inbrunst – sie erzählen ausführlich von ihrem Mißgeschick, ob man es wissen will oder nicht.
Zu ihrem wahren Potential gehört aber eine heitere Gelassenheit, die es selbst schwierigen Charakteren leicht macht, sich auf sie beziehungsweise die von ihnen arrangierten Gespräche einzulassen.

Im Kommentar von Richard Wilhelm zu Hexagramm Nr. 58, dem Doppelzeichen Dui, wird betont, daß wahre Heiterkeit auf Ernsthaftigkeit beruht. Dies kommt auch in den Linien des Trigramms zum Ausdruck: Eine weiche Yin-Linie ruht auf zwei starken Yang-Linien. Wenn Dui keine Tiefe hat, so entsteht oberflächliche Lustigkeit, die vielleicht gerade für ein paar Party-späßchen oder etwas Wirtshausklamauk reicht, die aber schnell in unqualifizierten Klatsch und Tratsch abgleitet. Dadurch entstehen Gerüchte, die die Atmosphäre in einer Gemeinschaft vergiften können. Das Gegenteil von dem, was Dui eigentlich bewirken kann, trifft dann ein: Neid, Mißgunst und Intrigen anstelle von Anerkennung, Akzeptanz und erfrischender Kooperation.

Eine andere Schwäche von Dui kann das starre Festhalten an Sitte und Konvention sein. »Das macht man so!« und »Das schickt sich nicht!« sind typische Redensarten und kennzeichnen nicht nur überholte Gesinnungen, sondern auch das Überbetonen von Moden des Zeitgeistes. An die Stelle des Knigge tritt heute das Diktat von gruppenspezifischen Normen, die zu erfüllen sind, wenn man in bestimmten Kreisen »in« sein will, was von Medien und Modefirmen nach Kräften gefördert wird.

Der nicht hoch genug einzuschätzende Wert von Dui-Naturen aber ist ihre Fähigkeit, Menschen zu konstruktivem Meinungs- und Erfahrungsaustausch zusammenzubringen. Sie schaffen es, verfeindete Parteien am runden Tisch zu versammeln und moderieren die Auseinandersetzung zwischen ihnen so, daß die Gräben wieder überbrückt werden können. Sie sind also begabte Mediatoren mit nicht unerheblichem diplomatischem Geschick. Wenn eine mit dem Dui-Wesen ausgezeichnete Person ihr Potential entfaltet, so wird der Meinungsaustausch offen, lebendig und konstruktiv, ob am Stammtisch, in der Selbsthilfegruppe oder bei der Versammlung des örtlichen Rotary Clubs.

Bis es soweit ist, hat sie allerdings einige Reifungsphasen zu durchleben.

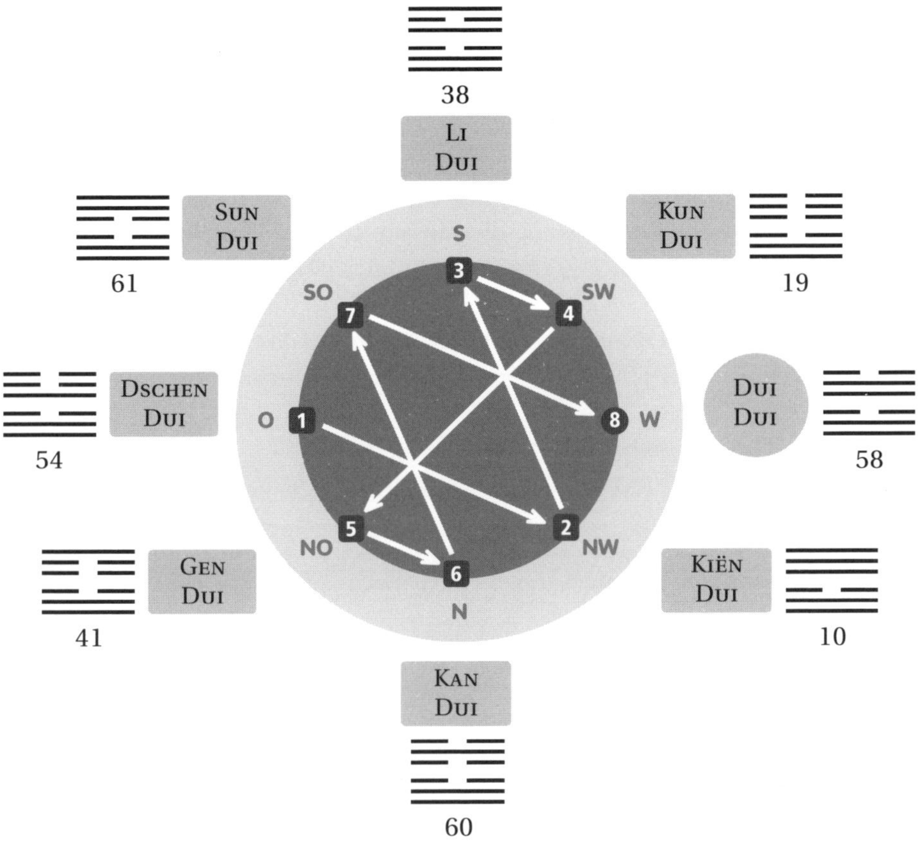

38
LI
DUI

SUN
DUI
61

KUN
DUI
19

S

SO   SW

7   3
    4

O   1   8 W

DSCHEN
DUI
54

DUI
DUI

58

5   2
    6
NO   NW

N

GEN
DUI
41

KIËN
DUI
10

KAN
DUI

60

Die acht Phasen

1. Phase – DUI im Osten (DSCHEN)

Oben DSCHEN, der älteste Sohn, unten DUI die jüngste Tochter – es geht um das Sich-Einfügen in eine gesetzte Ordnung und darum, nicht damit zu hadern, daß man am Tisch den letzten Platz einnimmt. Hexagramm Nr. 54, GUI ME – »Das heiratende Mädchen«.

54 Das heiratende Mädchen:

DUI muß lernen, sich in eine bestehende Ordnung einzufügen und sich hintanzustellen; vor allem zu begreifen, daß alles Irdische vergänglich ist – also sich dem Schicksal unterzuordnen. Das bewahrt davor, daß man sich treiben läßt und in falschen Sicherheiten wiegt. Weil man dadurch wachsam und aufmerksam bleibt, ist man gegen Gefahren bestens gerüstet.

Für die Dui-Natur mit ihrer Begabung, gesellige Runden zu konstruktivem Austausch und allgemeiner Erbauung zu organisieren, ist es schwer, sich so zurückzunehmen. »Unternehmungen bringen Unheil. Nichts, das fördernd wäre.«

2. Phase – Dui im Nordwesten (Kiën)

Im See spiegelt sich der Himmel, die jüngste Tochter lächelt dem Vater zu – das stimmt ihn milde. Hexagramm Nr. 10, Lü – »Das Auftreten«.

10 Das Auftreten:

Wenn man höflich ist, so fressen einem auch wilde Tiere aus der Hand. Man versteht es gut, mit schwierigen Menschen umzugehen.

3. Phase – Dui im Süden (Li)

Oben die Flamme, unten der See. Hexagramm Nr. 38, Kui – »Der Gegensatz«.

38 Der Gegensatz:

Man erlebt, daß man mit seiner Meinung im Gegensatz zu anderen, wenn nicht gar im Abseits steht. Sei's drum, es kommt darauf an, daß man sich seine Eigenart bewahrt und sich nicht bis zur Selbstverleugnung anpaßt. Man bleibt bei sich, ist höflich und vermeidet Provokationen.

4. Phase – Dui im Südwesten (Kun)

Der See ist tief, die Erde weit, sie treffen sich am Ufer und sind doch so unterschiedlich. Hexagramm Nr. 19, Lin – »Die Annäherung«.

19 Die Annäherung:

Indem man sich anderen annähert – auch wenn man nicht sehr viele Gemeinsamkeiten hat –, so kann man doch schöne Stunden miteinander verbringen und gemeinsame Werke tun. Doch muß man spüren, wann die Zeit gekommen ist, wieder getrennte Wege zu gehen.

5. Phase – Dui im Nordosten (Gen)

Der See am Fuße des Berges verdunstet, die Wolken steigen auf, regnen sich ab und nähren die Vegetation des Berges. Schließlich fließen einige der Bächlein wieder in den See. Hexagramm Nr. 41, Sun – »Die Minderung«.

41 Die Minderung:

Man lernt den Wert der Einfachheit zu schätzen. Das Wesentliche ist oft unscheinbar; ein einziges Gänseblümchen kann mehr ausdrücken als ein bunter Blumenstrauß. Der innere Wert ist nicht an äußere Fülle gebunden.

6. Phase – Dui im Norden (Kan)

In den See fließt Wasser – doch er ist nur begrenzt aufnahmefähig. Deswegen muß man Schranken setzen: Hexagramm Nr. 60, Dsië – »Die Beschränkung«.

60 Die Beschränkung:

Man setzt sich Schranken, denn Grenzenlosigkeit führt zu Unmäßigkeit. »So schafft der Edle Zahl und Maß und untersucht, was Tugend und rechter Wandel ist.«

7. Phase – Dui im Südosten (Sun)

»Über dem See weht der Wind und bewegt die Oberfläche des Wassers. So zeigen sich sichtbare Wirkungen des Unsichtbaren.« Hexagramm Nr. 61, Dschung Fu – »Innere Wahrheit«.

61 Innere Wahrheit:

Man fühlt sich seiner inneren Wahrheit verpflichtet, ist sanft und verständnisvoll. Das macht glaubwürdig und schafft Vertrauen. So kann man einen positiven Einfluß auf andere ausüben und ihnen helfen, negative Seiten zu erkennen und zu transformieren.

8. Phase – Dui im Westen (Dui)

Zwei miteinander in Beziehung stehende Seen: munter plätschernder Austausch. Hexagramm Nr. 58, Dui – »Das Heitere, der See«.

58 Das Heitere, der See:

Man ist gesellig und guter Dinge. Doch die Heiterkeit ist nicht oberflächliche Lustigkeit, und die Geselligkeit hat Tiefgang. So kommt es zum schöpferischen und gegenseitig befruchtenden Erfahrungs- und Meinungsaustausch.

Der Initiationsweg

Dui als gemeinschaftsbildende Person hat natürlich eine zentrale und herausragende Position inne. Ihr Entwicklungsweg dient dazu, diese Position in der rechten Weise einzunehmen. Eine große Gefahr liegt darin, sich mehr als nötig in den Mittelpunkt zu spielen, sich als Gesellschaftsdame oder Partylöwe zu exponieren, der oder dem die anderen zu applaudieren haben. Doch wer den größten Teil der Aufmerksamkeit auf sich lenkt, kann nicht als jemand fungieren, der Kommunikation zwischen allen Anwesenden schafft.

Die erste und wohl härteste Prüfung ist für Dui daher die Erfahrung des **»Heiratenden Mädchens«**. Damit ist Dui in der Rolle der letzten Nebenfrau, die sich unterzuordnen hat und den Mund nur aufmachen darf, wenn sie gefragt wird. Es ist, als hätte Dui einen Maulkorb bekommen oder – wie Papageno in Mozarts *Zauberflöte* – sogar ein Schloß vor den Mund. Wenn man aber gezwungen ist, stille zu sein, schärft sich die Wahrnehmung für die Mitmenschen. Dui lernt genau zu beobachten, wie sich jemand ausdrückt, sich räuspert, wie und wann er reagiert und was ihn dazu bewegt.

Das leitet zur 2. Phase über, dem **»Auftreten«**: Das »Auftreten auf des Tigers Schwanz« ist eigentlich sehr gefährlich, gelingt aber dank der zuvor entwikkelten Antennen und geübten Zurückhaltung, weil Dui ja außerdem ein gewisser Charme zu eigen ist. Mit solchem Verhalten vermag sie die furchterregendsten Charaktere für sich einzunehmen, so wie es in manchen Familien nur der jüngsten Tochter gelingt, den strengen Vater milde zu stimmen.

Im nächsten Entwicklungschritt, **»Der Gegensatz«**, lernt die Dui-Natur im kontroversen Austausch von Gedanken, Meinungen und Positionen, sich ihre Eigenart zu bewahren, auch wenn diese im Gegensatz zu anderen steht. Dui übernimmt weder die Meinung der anderen, noch drängt sie ihnen die eigene auf, und sie erfährt, daß solche Begegnungen sehr bereichernd sein können.

Während der 4. Phase, **»Die Annäherung«**, wird Dui aufgefordert, Vorurteile zu überwinden und auf Leute zuzugehen, auf die sie bisher nur herabgeblickt hat. Der Generaldirektor kann von seiner Putzfrau einiges lernen und die Chefärztin von dem Bettler an der Kirche.
Entscheidend für das Gelingen einer Beziehung – ob beruflich oder privat – ist das rechte Verhältnis von Distanz und Nähe. Beide bedingen einander wie Yin und Yang. Die größte Nähe – selbst bei Liebespaaren – führt zur unersprießlichen Symbiose oder zur Selbstaufgabe eines der Partner, wenn nicht wenigstens ein kleines Maß an Distanz gewahrt wird. Die einzig wirkliche Ausnahme ist die Symbiose zwischen einer Mutter und ihrem neugeborenen Baby. Umgekehrt führt Distanz ohne eine gewisse Nähe zur Beziehungslosigkeit und Verlorenheit.
In jeder Beziehung will das Verhältnis von Distanz und Nähe immer wieder neu bestimmt werden. Die Dui-Natur mit ihrer Kompetenz als Kommunikatorin, Mediatorin und auch als Heiratsvermittlerin ist hier ganz besonders gefordert.

Auf der bisher zurückgelegten Strecke ihres Weges hat die DUI-Wesenheit also ihre Beziehungsqualitäten verfeinert. Die vor ihr liegenden Etappen gelten dem Sich-Darstellen und ihrem Auftritt – schließlich kann sie ihre Rolle nur als Kristallisationspunkt einer Gemeinschaft erfüllen.

»Weniger ist oft mehr«: Die Aussage des Hexagramms »**Die Minderung**«, die bei DUI die 5. Phase repräsentiert, erinnert an die Kunst des Ikebana. Ein Zweiglein, eine Blume und ein Stein – in der rechten Weise arrangiert – vermitteln mehr Atmosphäre als 50 rote Rosen. Im Bazi Suanming, der chinesischen Variante von Astrologie, gibt es eine Charakterdisposition, die sich »Reichtum mindern« nennt (siehe Manfred Kubny: *Traditionelle chinesische Astrologie*). Damit ist nicht die Tendenz zu Armut gemeint, sondern die Bereitschaft, sein Geld für geistige und ethische – eben nicht materielle Werte – auszugeben. Statt eines teuren Pelzmantels leistet DUI sich eine Bildungsreise, sie verzichtet auf ein größeres und edler ausgestattetes Auto und übernimmt dafür Patenschaften für Kinder in der dritten Welt.

»**Die Beschränkung**« (6. Phase) bedeutet nicht nur das Haushalten mit materiellen Ressourcen, sondern meint es auch im moralischen Sinne: Filme wie *Kir Royal* und *Rossini – oder die Frage, wer mit wem schläft* zeichnen sehr schön das Bild einer permissiven und promiskuitiven Gesellschaft, die den Lernprozeß dieser Phase noch vor sich hat.

Die »**Innere Wahrheit**« als letzter Schritt für DUI vor Erreichen des eigenen Himmelspalastes schließt sich nahtlos an die moralische Beschränkung an. Sie muß prüfen, ob sie das, was sie tut und wofür sie sich mit all ihrer Begabung einsetzt, auch wirklich verantworten kann. Auf der Basis einer so gelebten Integrität und Wahrhaftigkeit ist sie ermächtigt, wieder Einfluß auf ihre Mitmenschen auszuüben. Richard Wilhelm schreibt in seinem Kommentar zu diesem Hexagramm: »Man muß sozusagen die Psyche des andern ganz unbefangen auf sich wirken lassen; dann kommt man ihm innerlich nah, versteht ihn und bekommt Macht über ihn, so daß die Kraft der eigenen Person durch die geöffnete Pforte Einfluß auf den andern gewinnt.«

DUI-Naturen im eigenen Himmelspalast (»**Das Heitere, der See**«) sind ein wahrer Schatz. Sie bringen Leute zusammen, die sonst nie zusammenfinden würden; sie helfen, Vorurteile abzubauen, und ermöglichen es, daß selbst schwierige und heikle zwischenmenschliche Probleme in entspannter, freundlicher Atmosphäre gelöst werden können.

Gen

Die Buddha-Natur

Berg – das Stillehalten, das Innehalten
jüngster Sohn – Hand
Nordosten – Spätwinter
Weisheit

Das Wesen

Das Trigramm Gen bedeutet das Stillehalten, das Innehalten. Im Jahreszyklus entspricht es der Zeit zwischen Fasching und Ostern. Im Trubel der tollen Tage hat man all die »ver-rückten« und dunklen Seiten seiner Persönlichkeit, die ein Jahr lang kontrolliert und unterdrückt worden sind, in heiterer, ja satirischer Weise leben lassen. Nach dieser Katharsis der Seele – der Energie von Kan zuzuordnen – ist nun Zeit für Einkehr und Besinnung. Klöster, die Meditationswochen und Fastenkuren anbieten, haben Hochkonjunktur. Der Winter bereitet seinen Rückzug vor. In der Tiefe der Erde – noch unter dem Schutz der Schneedecke – verstärkt sich die Energie in den Samenkörnern, und es ist nur noch eine Frage der Zeit, bis sie zu keimen beginnen.

Zu den Bedeutungsebenen von Gen gehört der Berg. Sein Entwicklungsprinzip ist, wie auch bei Kun, die Erde. Doch während man sich bei Kun – in Relation zu Gen die Yin-Erde – eher eine Schale vorzustellen hat, die das Aufnehmende, das Empfangende repräsentiert, so ist es bei Gen – in Relation zu Kun die Yang-Erde – umgekehrt: Der Berg ist erhaben, dominierend, verschlossen. Man muß lange und tief graben, bis man an sein Innerstes herankommt.

Die vom GEN-Wesen durchdrungenen Persönlichkeiten lassen noch schwerer in sich hineinschauen als KAN-Naturen. Diese kennen ihre Gefühle, aber verraten sie nicht. GEN-Wesenstypen jedoch kommen selbst schwer an ihre Gefühle heran – vor allem, wenn sie noch am Anfang ihres Weges zur Potentialentfaltung stehen. Sie können stur sein, festgefahren in ihrer Meinung und schnell gekränkt, wenn sie den Eindruck haben, übersehen oder übergangen zu werden.

Damit sind ihre Schwächen aber auch schon aufgeführt. Ihre Stärken sind ebenso unverkennbar: Berechenbarkeit, Verläßlichkeit und Ausdauer. Wie ein Berg in der Landschaft vermitteln sie Orientierung, fest, unverrückbar und nicht zu übersehen.

Ihr höchstes Potential ist die Buddha-Natur: in sich ruhend, Ruhe ausstrahlend und das Geschehen der Welt mit Gelassenheit betrachtend. Wenn sie diese Größe erreichen, dann ist ihnen eine stille Heiterkeit zu eigen. Mit einem Augenzwinkern, mit einem Lächeln quittieren sie Szenen und Ereignisse, die anderen Anlaß für aufwallende Emotionen und dramatische Gesten sind.

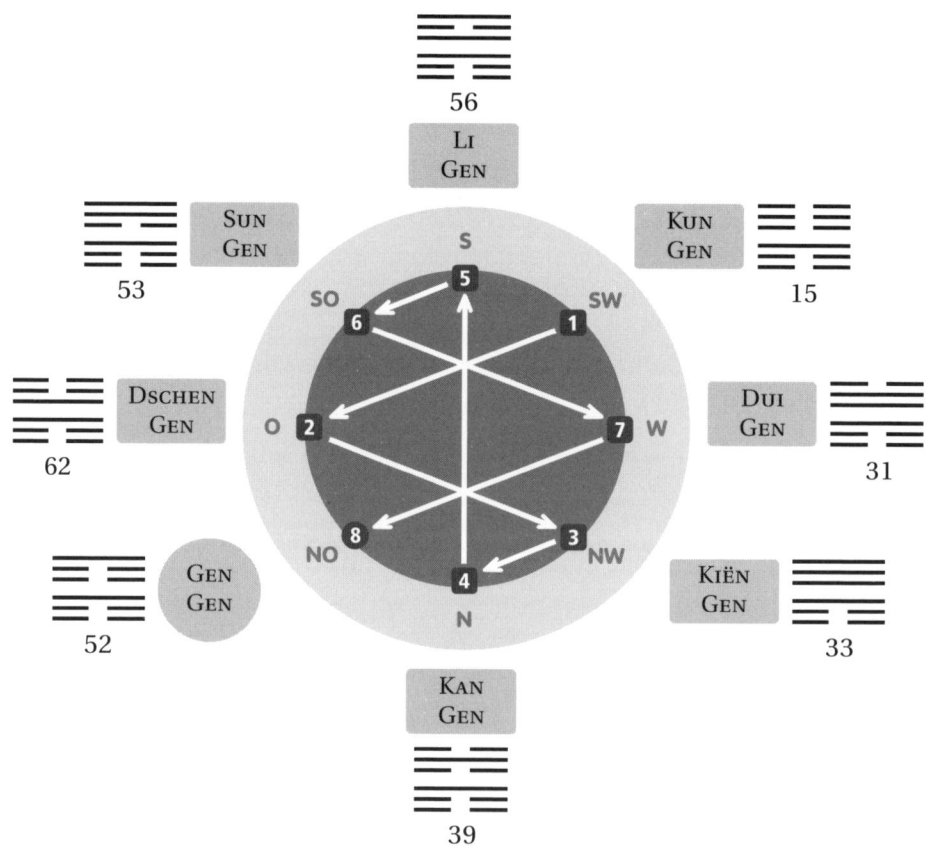

Die acht Phasen

1. Phase – GEN im Südwesten (KUN)

Die erste Station seiner Entwicklung führt GEN in den Südwesten. Die dort herrschende Qualität ist KUN, das Empfangende, die Erde. Wenn der eigentlich majestätisch wirkende Berg sich der Erde unterordnet, so ergibt dies das Hexagramm Nr. 15, KIËN – »Die Bescheidenheit«.

15 Die Bescheidenheit:

»Das Gesetz der Erde ist, das Volle zu verändern und dem Bescheidenen zuzufließen«: Bemühungen um Gerechtigkeit, um Ausgleich sozialer Gegensätze in der unmittelbaren Umgebung. In sich selbst soll man ausgewogener werden, Egotrips vermeiden, aber auch Selbstvertrauen dort entwickeln, wo man sich minderwertig fühlt.

2. Phase – GEN im Osten (DSCHEN)

»Auf dem Berg ist der Donner.« Bei drohendem Gewitter auf den Berg zu steigen, zeugt von Überheblichkeit und Mißachtung der Gefahr. Angemessener wäre Zurückhaltung und Ehrfurcht, sonst wird man vom Blitz erschlagen. Das entsprechende Hexagramm ist Nr. 62, SIAU GO – »Des Kleinen Übergewicht«.

62 Des Kleinen Übergewicht:

»Es ist nicht gut, nach oben zu streben, es ist gut, unten zu bleiben. Großes Heil!« Verhaltensweisen wie Bescheidenheit, Gewissenhaftigkeit und Beharrlichkeit werden belohnt. Ehrerbietung, Pflichtbewußtsein und Ernsthaftigkeit führen zum Erfolg.

3. Phase – GEN im Nordwesten (KIËN)

GEN hat im Nordwesten den Himmel über sich. Doch die Bewegung des Himmels geht nach oben. Er zieht sich vom Berg zurück. Hexagramm Nr. 33, DUN – »Der Rückzug«.

33 Der Rückzug:

Rückzug als Zeichen von Stärke! »Gelingen. Im Kleinen ist fördernd Beharrlichkeit.« In Auseinandersetzungen ist gemessenes, überlegtes Zurückweichen angesagt, jedoch kein kampfloses Preisgeben von Terrain. Es ist damit die im Judo und Aikido gelehrte Taktik gemeint, bei der man zunächst zurückweicht. Ein Kontern erübrigt sich dann meist, da der Gegner sich von selbst verzieht.

4. Phase – GEN im Norden (KAN)

Auf der Reise in den Norden kommt der Held an einen gefährlichen Abgrund und hat hinter sich einen steilen, unzugänglichen Berg. Er kann nicht vor und nicht zurück. Hexagramm Nr. 39, GIËN – »Das Hemmnis«.

39 Das Hemmnis:

Widerstände im Äußeren sind Spiegelbilder innerseelischer Prozesse. Indem man sich nach innen kehrt und an sich selbst arbeitet, wird das äußere Hemmnis Anlaß zur innerseelischen Klärung und Bereicherung.

5. Phase – GEN im Süden (LI)

»Der Berg steht still, oben das Feuer flammt auf und verweilt nicht. Darum bleiben sie nicht zusammen. Fremde, Trennung ist das Los des Wanderers.« Hexagramm Nr. 56, LÜ – »Der Wanderer«.

56 Der Wanderer:

Es gilt, Geborgenheit in sich zu entwickeln; die eigenen Ansichten für sich zu behalten, anstatt sie anderen aufdrängen zu wollen; Konflikte nicht anstehen zu lassen, sondern sie sofort zu lösen, wobei man Milde walten lassen muß.

6. Phase – GEN im Südosten (SUN)

GEN im Südosten lernt mit SUN die Energie des Sanften kennen. Das in den Berg sanft Eindringende wird im *I Ging* durch einen Baum symbolisiert, der sich langsam und stetig entwickelt und deswegen fest verwurzelt dasteht. Das Hexagramm Nr. 53, DSIËN, bedeutet »Die Entwicklung, allmählicher Fortschritt«.

53 Die Entwicklung, allmählicher Fortschritt:

»Innen ist Ruhe [GEN], die vor Unbesonnenheit schützt, und außen Eindringen [SUN], das die Entwicklung und den Fortschritt ermöglicht.« Strategien bedürfen der inneren Ruhe, des schrittweisen Vorgehens und der behutsamen Anpassung an die äußeren Bedingungen.

7. Phase – GEN im Westen (DUI)

Auf dem Berg ist ein See – anstelle eines die Umgebung dominierenwollenden Gipfels. GEN als jüngster Sohn begegnet DUI, der jüngsten Tochter. Jetzt ist unser Held also soweit gereift, daß er wie ein See aufnahmefähig, beziehungsfähig ist. Im Hexagramm Nr. 31, HIËN – »Die Einwirkung, die Werbung«, heißt es: »So läßt der Edle durch Aufnahmebereitschaft die Menschen an sich herankommen.«

31 Die Einwirkung, die Werbung:

»Innerliches Stillhalten bei äußerer Freude«: Man soll gesellig sein, denn aus den Gesprächen erwachsen einem viele wertvolle Impulse und Ratschläge – aber nur, wenn man vorurteilsfrei zuhört und sich selbst nicht zu sehr in den Mittelpunkt stellt.

8. Phase – GEN im Nordosten (GEN)

GEN im Nordosten ist zu Hause angelangt. Das Hexagramm Nr. 52, GEN – »Das Stillehalten, der Berg«, wird in vielen *I-Ging*-Ausgaben auch »Die Meditation« genannt. »So ist Ruhe vorhanden, da die Bewegung ihr normales Ende erreicht hat.«

52 Das Stillehalten, der Berg:
Man soll in sich ruhen wie ein Berg, die Welt aus einer meditativen Haltung heraus betrachten, den Geschehnissen mit Ruhe und Gelassenheit begegnen.

Der Initiationsweg

Es ist für den GEN-Wesenstyp nicht gerade leicht, zu seinem höchsten Potential – der in sich ruhenden Buddha-Natur – zu finden. Im Bewußtsein seiner Kompetenz und überzeugt von seinen Ansichten, muß er lernen, sich zu bescheiden und »sich klein zu machen«. Dadurch fühlt er sich wahrlich gegen den Strich gebürstet.

Auf dem spirituellen Übungsweg eines Buddhisten wird in einem gewissen Stadium der Entwicklung das »Exerzitium der 100 000 Niederwerfungen« gefordert. Das reinigt das Ego von falschem Stolz. Eine Übung, die sich besonders für GEN anbietet.

»Die Bescheidenheit« ist die erste und vorrangigste Lernerfahrung. GEN, der Berg, ordnet sich KUN, dem Dienenden, unter: Er dient dem Dienenden. Die Pilgerzüge nach Lourdes führen in der Regel ein bis zwei Spezialwaggons mit sich, in denen Kranke mit auf die lange Reise genommen werden: Querschnittsgelähmte, Krebskranke, Patienten mit multipler Sklerose – für die meisten ist es die einzige Gelegenheit, ihr Heim, ihre Kranken- und Pflegeanstalt für eine Woche zu verlassen und eine für sie recht beschwerliche Reise anzutreten. Ermöglicht wird dies durch ein Heer von freiwilligen Helfern. Da fahren Ärzte, Pflegekräfte, Köche und viele andere mit, opfern ihre freien Tage und betreuen die Kranken für Gotteslohn. Es verdingen sich auch Personen aus ganz anderen Berufen, wie etwa Rechtsanwälte, Techniker und Handwerker als Hilfspfleger. Sie waschen die Patienten, kleiden sie an, geben ihnen zu essen, spülen Geschirr, verrichten also eindeutig dienende Tätigkeiten. In ihrem »bürgerlichen« Beruf haben etliche von ihnen Führungspositionen inne oder können zumindest selbstbestimmt ihren Tag gestalten. Jetzt aber fügen sie sich in eine vorgegebene Struktur: Ihr Dienst geht von 6 Uhr früh bis 22 Uhr abends, es sei denn, sie haben Nachtdienst. Dies wäre ein Beispiel für ein freiwilliges Sich-Hineinbegeben in die Erfahrung der 1. Initiationsphase von GEN – in gewissem Sinne handelt es sich um Niederwerfungen, die anderen helfen und der eigenen Entwicklung dienen.

Es heißt: »Tue Gutes und berichte darüber – vielleicht kannst du anderen ein Beispiel sein.« Denn eine vom Schicksal erzwungene Erfahrung von Bescheidenheit ist viel ungemütlicher. Wenn das Erzählen aber zur Darstellung der eigenen Opferbereitschaft wird und in Selbstbeweihräucherung abgleitet, dann hat sich der alte, falsche Stolz wieder eingestellt, und alles war umsonst.

Als nächstes geht es um die Entwicklung der Ehrfurcht und um das Erkennen der eigenen Grenzen. Viele Märchen und Mythen künden von Helden, die dafür bestraft worden sind, weil sie das ihnen gesetzte Maß überschritten haben.
Erwähnt sei hier der Mythos von Asklepios, dem Heilgott der griechischen Antike. Als Sohn von Apoll und der sterblichen Schönheit Koronis wurde er dem heilkundigen Zentauren Cheiron in Obhut gegeben. (Cheiron heißt »Hand«. Begriffe wie Chirurgie, Chiropraktik leiten sich davon ab. Die Hand wird GEN zugeordnet.)
Asklepios erwies sich als gelehriger Schüler und wurde zu einem berühmten Arzt. Nachdem er nicht nur zahlreiche Schwerstkranke geheilt hatte, sondern sogar als unheilbar geltende Patienten vor dem Tode retten konnte, versuchte er sich in der Auferweckung von Toten. Auch dies gelang ihm. Damit aber hatte er das ihm zuerkannte, menschliche Maß überschritten. Die olympischen Götter intervenierten bei Zeus ob dieser Anmaßung und des unerlaubten Eingriffs in ihre eigenen Kompetenzen, worauf dieser ihn höchstpersönlich mit dem Blitz erschlug. »Auf dem Berg ist der Donner« steht in deutschen Urtext des *I Ging* von Richard Wilhelm und: »Es ist nicht gut, nach oben zu streben, es ist gut, unten zu bleiben« (Hexagramm **»Des Kleinen Übergewicht«**).

In der 3. Phase muß GEN nicht nur lernen, sich zurückzuhalten, sondern sogar sich aktiv zurückzuziehen. Doch **»Der Rückzug«** ist nicht automatisch das Eingeständnis von Schwäche. Im Gegenteil, es kann ein Zeichen von Stärke sein, zu erkennen, daß Angriff oder aktiver Widerstand eine Situation nur verschlimmern würden. Klüger ist es zurückzuweichen – nicht überstürzt, sondern überlegt und angemessen.

Die 4. Etappe, **»Das Hemmnis«**, erlaubt nicht einmal mehr einen Rückzug. »Rien ne va plus« – nichts geht mehr. Man steht mit dem Rücken zur Wand und hat vor sich einen Abgrund. Aber diese scheinbar ausweglose Lage ist höchst heilsam, denn sie verhilft dem GEN-Wesenstyp dazu, zu seinen Gefühlen durchzustoßen und sie anzunehmen. Jetzt kann er erkennen, daß die äußeren Hemmnisse nur Spiegelbilder innerer Blockaden sind und erst die Innenschau aus einer bislang ausweglosen Lage herausführt.

Der tiefe Schmerz infolge der Ausweglosigkeit ist paradoxerweise sein höchstes Glück. Wenn er ihn überwunden hat und sich ins scheinbar Unvermeidliche fügt, dann erschließt er sich den Zugang zu seinem wahren Potential: die Erfahrungen der Vergangenheit zu reflektieren, auszuwerten und für zukünftiges Handeln fruchtbar zu machen; das Hemmnis nicht zu bedauern, sondern als Zeit der schöpferischen Selbstbesinnung zu begrüßen.

Jetzt ist der Wendepunkt erreicht, die nach innen gerichtete Bewegung kehrt sich um.

Das Hexagramm »**Der Wanderer**« (5. Phase) erlaubt GEN, sich wieder zu zeigen, aber auf eine recht behutsame, zurückhaltende Art, schließlich ist er als Wanderer nur der Gast. Als solcher lotet er Meinungen und Stimmungen seiner Gastgeber aus, um nicht unnötig anzuecken. Ist er bei einem Thema anderer Ansicht, so lernt er, sie freundlich zu formulieren oder sie lieber für sich zu behalten.

Ist dieser Lernprozeß abgeschlossen, so ist ihm wieder mehr Einflußnahme vergönnt. Seine Lehrmeisterin dafür ist SUN, die Energie des sanften Windes, der behutsam die Gegend abtastet und Positionen erkundet. In gewissenhafter Berücksichtigung der Lage setzt GEN seine Schritte und entwickelt eine Strategie, so daß sich in der 6. Phase »**Die Entwicklung, allmählicher Fortschritt**« einstellt.

Im Haus von DUI wendet er sich auf freundliche Weise seinen Mitmenschen zu, zeigt echtes Interesse und Anteilnahme und erfährt, daß es so viel leichter ist, andere für sich einzunehmen: »**Die Einwirkung, die Werbung**« (7. Phase).

> Schließlich wird er zu einer Person, die mit heiterer Gelassenheit, aber doch mit den Qualitäten eines Berges – also Orientierung gebend, Ruhe ausstrahlend – ihren Beitrag zur Gemeinschaft leistet: »**Das Stillehalten, der Berg**«.

Es gibt zwei beliebte Arten, Buddha als Skulptur darzustellen: Einmal ist er tief in Meditation versunken, die Transzendenz seines Wesens strahlt in den Raum hinein. Die andere Variante ist der dickbäuchige, vergnügt lachende Buddha – beide Seiten dürfen, ja sollen sogar von der vollentwickelten GEN-Natur gelebt werden.

Wo stehe ich gerade?

Es ist bestimmt nicht in jedem Falle leicht zu diagnostizieren, in welcher der acht Phasen man sich gerade befindet. Dafür gibt es vier Gründe:

1. Das Pendeln zwischen den Reifungsphasen
Auch wenn man sich vornehmlich in einer bestimmten und genau zu diagnostizierenden Reifungsphase befindet, tauchen zuweilen die Herausforderungen der anderen Phasen auf. Vor allem die der bereits zurückliegenden – so als wollten sie nachprüfen, ob man die ihnen eigenen Lektionen wirklich begriffen hat oder ob diese eventuell noch der Nacharbeit und Übung bedürfen. So wird beispielsweise ein Unternehmer (KIËN-Natur), der sich in der 5. Phase befindet und nach einer längeren, leidvollen Krisenzeit endlich wieder »Des Großen Macht« in sich spüren und leben kann, vor Situationen gestellt, die Geduld (»Das Warten«, 2. Phase) und Kompromißbereitschaft (»Der Friede«, 3. Phase) von ihm fordern. Wenn ihm das schwer fallen sollte, so ist es mit »Des Großen Macht« schnell vorbei.

2. Versetzte Entwicklungsverläufe in verschiedenen Lebensbezügen
In der Regel befindet sich jeder Mensch zur selben Zeit in unterschiedlichen Lebensbezügen. Man hat Familie, einen Beruf und spielt auch im Freundeskreis eine aktive Rolle.
Es ist denkbar, daß man sich in jedem dieser Lebensbezüge unterschiedlich gefordert fühlt. Der DSCHEN-Erneuerer etwa, der sich im Beruf gekonnt durchzusetzen weiß (»Das Durchbeißen«, 6. Phase) und sich zu Hause seiner Frau gegenüber noch in der Übung der »Nachfolge« (1. Phase) befindet, ist nicht nur ein Klischee aus Witzblättern, sondern kann durchaus gelebte Realität sein.
Die Erfahrung zeigt, daß die Entwicklungsprozesse im familiären Umfeld am schwierigsten zu meistern sind und deshalb auch längere Zeit in Anspruch nehmen als in weniger emotional besetzten Lebensbezügen.

3. Reifungsprozesse in anderen Trigramm-Qualitäten
Wenn man auch primär *einer* der Trigramm-Qualitäten zuzuordnen ist, so hat man doch auch manchmal an den anderen teil und ist damit in deren Reifungsphasen involviert. Man muß beispielsweise kein KUN sein, um zu

erleben, was »Die Zersplitterung« bedeutet, wenn die eigenen Kinder in die Pubertät kommen. Man muß noch nicht einmal Kinder haben, um dies zu erfahren: Es genügt, daß man sich irgend jemandem gegenüber in einer fürsorglichen, helfenden Rolle befindet und das Gefühl auftaucht, daß einem das Engagement nicht gedankt wird.

4. Entwicklung als Spirale

Die bisherigen Hinweise legen die Vermutung nahe, daß man menschliche Reifung nicht mit dem Erklimmen einer Hühnerleiter vergleichen kann, auf der man sich – oben angelangt – umdreht und stolz »Jetzt bin ich am Ziel!« ruft.

Viel stimmiger ist der Vergleich mit einer Spirale. Wenn man einen Reifungszyklus erfolgreich durchschritten hat, gibt es im besten Fall »Urlaub« für eine Weile, doch dann beginnt in der Regel ein neuer Zyklus.

Jeder, der mit Fug und Recht von sich behaupten kann, in seinem eigenen Himmelspalast angekommen zu sein, hat die Aufgabe, andere zu sich hinaufzuziehen, ihnen eine ähnliche Entwicklung zu ermöglichen. Das hilft ihm, den eigenen Entwicklungsweg zu reflektieren, die dabei gewonnenen Einsichten zu vertiefen und die erworbenen Fähigkeiten zu festigen. Das bewahrt ihn schließlich vor Selbstgefälligkeit und der damit verbundenen Gefahr des Rückschritts.

Ein Hinweis auf die möglicherweise gerade aktuelle Entwicklungsphase kann sich aus dem Zusammenspiel von Wesenstyp und der Energiequalität einer Wohnung ergeben. Diese Erkenntnis ist in den nun folgenden letzten Kapiteln ausgeführt.

Teil 4

Feng Shui – Die Sänfte des Lebens

———————

Die acht Himmelspaläste

———————

Vertrauen

Feng Shui – Die Sänfte des Lebens

Die Sitzposition der Wohnung

Feng Shui ist die Wissenschaft und Kunst, das Energiefeld der Umgebung – im Raum, im Gebäude, im Garten – so zu konstellieren, daß optimale Bedingungen für Wohlbefinden und Gesundheit herrschen. Zum unerläßlichen Handwerkszeug eines Feng-Shui-Beraters gehört ein Kompaß, mit dessen Hilfe er die Lage eines Gebäudes bestimmt. Die Position innerhalb der Himmelsrichtungen ist maßgebend für die Energiequalität des Hauses beziehungsweise der Wohnung.

Von den Indianern kennen wir die Anrufung der acht Himmelsrichtungen. Bei diesem Ritus vergegenwärtigen sie sich die Mächte (Qualitäten), die jeder Richtung zu eigen sind, und bitten sie um Inspiration, Hilfe und Führung auf ihrem Lebensweg. In einem Kreis markieren sie zunächst die acht Richtungen mit Steinen oder Symbolen und stellen sich dann für die Anrufung so auf, daß ihr Blick auf das Zentrum gerichtet ist und sie mit dem Rücken in die Richtung stehen, von der sie Hilfe erwarten. Wenn beispielsweise jemand auf der Suche nach einer Vision ist, die seinem Leben wieder Sinn verleihen könnte, so stellt er sich am Kreisrand auf einen Platz mit dem Rücken zum Osten (Wilhelmine Keyserling: *Mensch zwischen Himmel und Erde*).

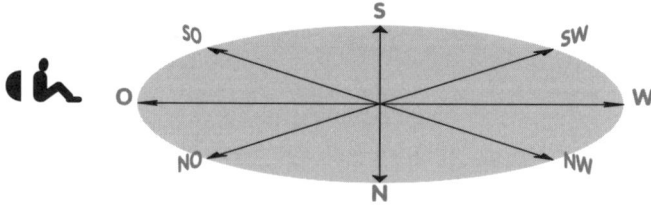

Der Rücken ist – energetisch gesehen – wie eine Membran, die auf die subtilsten Schwingungen reagiert. Deshalb ist es so wichtig, daß man sich im Rücken geschützt fühlt – man kann nach hinten ja nicht sehen. Auch sollte der Bereich hinter dem Rücken Ruhe ausstrahlen.

In der Kompaßschule des Feng Shui wird jedes Haus einem der acht Trigramme zugeordnet. Es gibt also ein KIËN-Haus, ein KUN-Haus, ein DSCHEN-Haus usw. Zu welcher Himmelsrichtung ein Haus gehört, ergibt sich aus der sogenannten »*Sitzposition*« (andere im Feng Shui gebräuchliche Begriffe sind »Sitting« und »Schildkrötenposition«). Um diese zu bestimmen, stellt man sich vor, das Haus »säße« am Rande eines Kreises. Die Vorderseite, das »Gesicht« des Hauses, ist durch die Eingangstür definiert und »blickt« in das Zentrum des Kreises; die Rückseite ist einer der acht Himmelsrichtungen zugewandt. Wenn beispielsweise das »Gesicht« des Hauses nach Norden schaut, so nimmt der Rücken die Energie auf, die aus dem Süden kommt – die Sitzposition ist dann im Süden. Das entsprechende Trigramm kennzeichnet die in diesem Haus vorherrschende Qualität. Für die Menschen, die hier wohnen, ist LI der »*Himmelspalast*«. (Der Begriff »Himmelspalast« wurde auf Seite 85 eingeführt und kann in entsprechender Bedeutung auch im Feng Shui verwendet werden.)

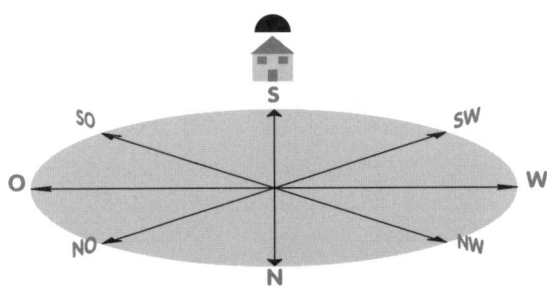

Bewohnt man nur einen Teil des Hauses – wie es etwa bei einer Miet- oder Eigentumswohnung der Fall ist –, so tritt das Trigramm des Hauses in den Hintergrund, und das Trigramm der Wohnung gemäß der Sitzposition auf der Achse Wohnungstür/Vorderseite – Rückwand/Hinterseite bestimmt die Qualität, die auf die Bewohner wirkt.

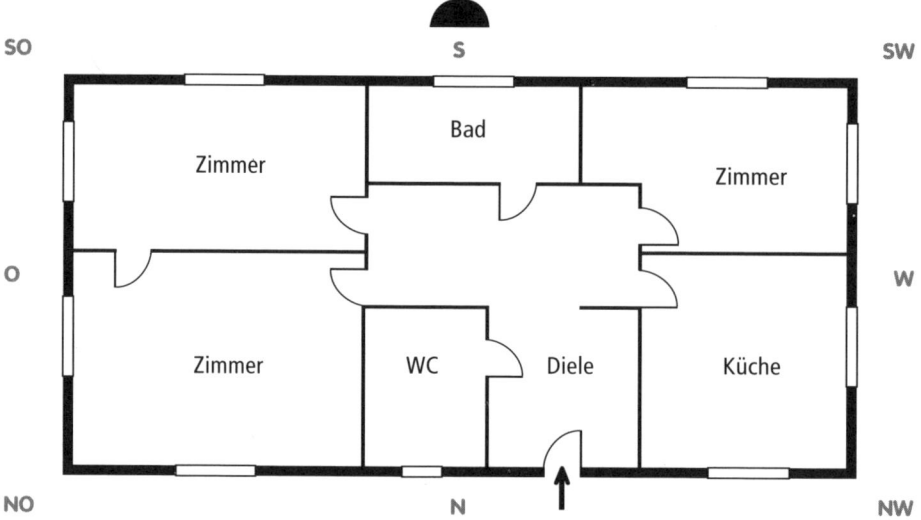

Beispiel für den Grundriß einer L\textsc{i}-Wohnung (Sitzposition Süden)

Jede Regel hat ihre Ausnahmen. Für den Fall, daß die Eingangstür nahe an einer der beiden Seitenwände liegt, kann auch die zweite, entferntere Seitenwand die Sitzposition bestimmen. Dies ist dann der Fall, wenn sie energetisch stabiler ist, das heißt, wenn sie eindeutig weniger Fenster und Türen aufweist als die der Eingangstüre gegenüberliegende Wand. Denn wer mit dem Rücken auf einer Fensterbank sitzt, hat weniger Halt, als wenn er sich entspannt an einer Wand an- und zurücklehnen kann. Wenn aber der Rükken sich anspannen muß, um den Körper zu stabilisieren, so ist er nicht mehr empfänglich für die aus dieser Richtung strömenden Qualitäten.

Beispiel für ein Dui-Haus (Sitzposition Westen)

Nicht alle Wohnungen sind so klar einzuordnen. Für die Bestimmung der Sitzposition von Wohnungen beispielsweise mit »fehlenden« Ecken muß die entsprechende Feng-Shui-Fachliteratur herangezogen werden.

Unterstützung durch den Himmelspalast

Das Haus ist ein Energiekörper wie der Mensch. Wilhelm Gerstung & Jens Mehlhase *(Das große Feng Shui Gesundheitsbuch)* haben nachgewiesen, daß man auch bei einem Gebäude eine Aura, ja sogar unterschiedliche Auraschichten messen kann. Der Energieleib des Menschen geht also mit dem Energieleib des ihn umfassenden Gebäudes eine Verbindung ein. Beide sind durch ein Trigramm gekennzeichnet. Ihre Verbindung entspricht einem Hexagramm.

Bei diesem steht das obere Trigramm für einen Himmelspalast, das untere für den Wesenstyp des Menschen. Somit befindet man sich in einem Gebäude immer in einer Energie, die einer der acht »eigenen« Initiationsphasen entspricht, wie sie in Teil 3 dieses Buches beschrieben wurden.

Angenommen, man ist ein KIËN-Wesenstyp und wohnt in einem Haus, dessen Sitzposition im Südwesten liegt, so lebt man also in einem KUN-Haus. KIËN im KUN-Himmelspalast ergibt folgendes Hexagramm:

Sitzposition: KUN ═══ ═══

Wesenstyp: KIËN ═══════

Hexagramm Nr. 11, TAI – »Der Friede«

Die KIËN-Natur wird im Lernprozeß der 3. Initiationsphase von der Energie des Friedens unterstützt:

> 11 **Der Friede:** Man lernt, seine Handlungen nach der Qualität von Zeit und Ort auszurichten, Ruhe zu finden, Ruhe zu bewahren – so entstehen Harmonie und Frieden. (Siehe Seite 96, 3. Phase.)

In einer vierköpfigen Familie sind mit einer gewissen Wahrscheinlichkeit die Familienmitglieder unterschiedliche Trigramm-Wesenstypen. Aber alle wohnen in demselben Himmelspalast. Die Unterstützung, die sie auf ihrem Entwicklungsweg erhalten, ist somit ihrem Wesen gemäß ebenfalls verschieden. Sollte die Mutter KUN sein, so lebt sie in diesem Beispiel in ihrem eigenen Himmelspalast, und die Familie ist von ihrer Qualität als Erdmutter gesegnet. Der Sohn, etwa ein DSCHEN-Wesenstyp, lernt Geduld und Selbstbesinnung – unterstützt vom Hexagramm Nr. 24, »Die Wiederkehr, die Wendezeit«. Und der Tochter, vielleicht eine SUN-Natur, hilft das Hexagramm Nr. 46, »Das Empordringen«, dabei, schwierige Herausforderungen mit Stärke, Willenskraft und Beharrlichkeit zu meistern.

Auf den folgenden Seiten sind die verschiedenen Arten der Unterstützung, die die jeweilige Wohnungsenergie (als Himmelspalast) für jeden Trigramm-Wesenstyp gewährt, zusammenfassend erläutert.

Sucht man beispielsweise die Texte für mehrere zusammenwohnende Personen, so findet man die acht Kurzbeschreibungen, die *einem Himmelspalast* zugeordnet sind, untereinander in einem der folgenden Unterkapitel, die in der Reihenfolge der Sitzpositionen (Himmelsrichtungen) angeordnet sind.

Die acht Himmelspaläste

Himmelspalast DSCHEN
Sitzposition Osten

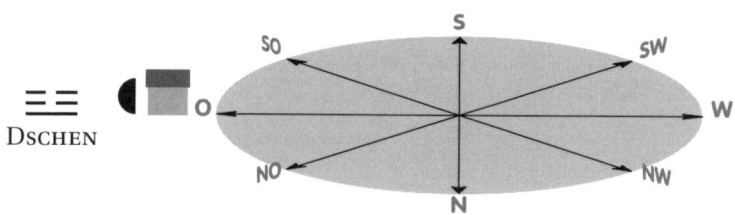

Persönl. Trigramm	Hexa- gramm	
KIËN	34	**Des Großen Macht:** Man darf die Macht nicht mißbrauchen, muß sie immer auf den Grundsätzen des Rechts und der Gerechtigkeit ausüben. Es besteht die Gefahr, daß man zu selbstherrlich wird.
KUN	16	**Die Begeisterung:** Mit dem Donner löst sich eine lange Spannung. Erleichterung und Freude greifen um sich. Wenn die Begeisterung gepaart ist mit Ehrfurcht vor der Schöpfung und Achtung vor den Menschen, dann hat sie Bestand und kann Berge versetzen.
DSCHEN	51	**Das Erregende, der Donner:** Ehrfurcht vor den Schicksalsmächten, Aussöhnung mit den Eltern und den Ahnen. Offensein für Inspiration und Geistesblitze. Ernsthaftigkeit und Freudigkeit schließen einander nicht aus. Es darf und soll auch gelacht werden.
SUN	32	**Die Dauer:** Nicht Veränderung, sondern Fortführung von Bewährtem ist angesagt. Die Fortführung bedarf aber der Anpassung an die sich wandelnde Zeit. Sonst wäre es Stillstand.

Kan 40 **Die Befreiung:** Donner und Regen haben eine befreiende, reinigende Wirkung. Spannungen lösen sich, ein (neuer) Frühling kehrt ein. Man darf nicht nachtragend sein.

Li 55 **Die Fülle:** »Eine Zeit höchster Größe und Fülle ist beschieden.« Man soll sie nutzen, um Weichen für die Zukunft zu stellen, um die Spreu vom Weizen zu trennen. Dann ist man gewappnet, wenn sich die Zeit der Fülle zu Ende neigt.

Dui 54 **Das heiratende Mädchen:** Es geht darum zu lernen, sich unterzuordnen; vor allem zu begreifen, daß alles Irdische vergänglich ist – also sich dem Schicksal unterzuordnen. Das bewahrt davor, daß man sich treiben läßt und in falschen Sicherheiten wiegt. Weil man dadurch wachsam und aufmerksam bleibt, ist man gegen Gefahren bestens gerüstet.

Gen 62 **Des Kleinen Übergewicht:** »Es ist nicht gut, nach oben zu streben, es ist gut, unten zu bleiben. Großes Heil!« Verhaltensweisen wie Bescheidenheit, Gewissenhaftigkeit und Beharrlichkeit werden belohnt. Ehrerbietung, Pflichtbewußtsein und Ernsthaftigkeit führen zum Erfolg.

Himmelspalast Sun
Sitzposition Südosten

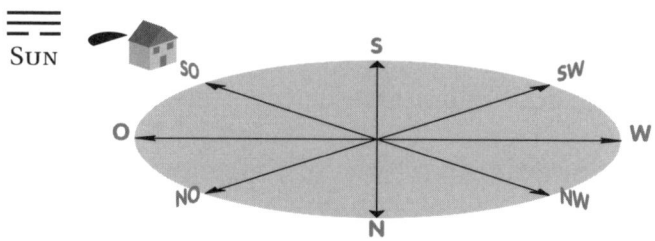

Persönl. Trigramm	Hexa-gramm	
Kiën	**9**	**Des Kleinen Zähmungskraft:** Großes zu vollbringen ist einem jetzt nicht vergönnt, obwohl man viel Kraft in sich spürt. Aber man muß auch lernen, sich anzupassen. Diese Zeit ist sehr wertvoll, weil sie hilft, das eigene Wesen zu verfeinern.
Kun	**20**	**Die Betrachtung:** Eine große Zeit, in der man Irrtümer erkennt, Ideen umsetzt und Projekte voranbringt, weil man gelernt hat, zwischen Wert und Unwert zu unterscheiden. Man ist eine Persönlichkeit, auf deren Rat gehört wird.
Dschen	**42**	**Die Mehrung:** Wenn sich Charisma (Donner im Inneren) mit Sanftmut (Wind) paart, dann bringt man Großes hervor. Nur Evolution vermag die Welt zu verändern. »Wahres Herrschen muß Dienen sein.«
Sun	**57**	**Das Sanfte, das Eindringliche, der Wind:** Nur ja keine Effekthascherei! Mit Sanftmut und Beständigkeit erreicht man viel – vorausgesetzt, man ist sich darüber im klaren, was man will.
Kan	**59**	**Die Auflösung:** Trennendes, Verhärtetes kann sich lösen. Man soll deshalb alles tun, um mit der Umwelt wieder in Einklang zu kommen, und Milde und Verzeihung walten lassen.

LI   **37**   **Die Sippe:** Man nimmt eine zentrale Rolle in der Gemeinschaft ein, weil man mit wenigen, aber kraftvollen Worten, die den Kern der Sache berühren, für Klarheit sorgt. Sachlichkeit, Verbindlichkeit in den Absprachen und liebevolle Zuneigung sind der Garant für das Gedeihen der Sippe.

DUI   **61**   **Innere Wahrheit:** Man ist vorurteilsfrei, sanft und verständnisvoll. Das macht glaubwürdig und schafft Vertrauen. Wenn man sich auch noch seiner inneren Wahrheit verpflichtet fühlt, kann man große soziale Werke tun.

GEN   **53**   **Die Entwicklung, allmählicher Fortschritt:** »Innen ist Ruhe [GEN], die vor Unbesonnenheit schützt, und außen Eindringen [SUN], das die Entwicklung und den Fortschritt ermöglicht.« Strategien bedürfen der inneren Ruhe, des schrittweisen Vorgehens und der behutsamen Anpassung an die äußeren Bedingungen.

Himmelspalast Lı
Sitzposition Süden

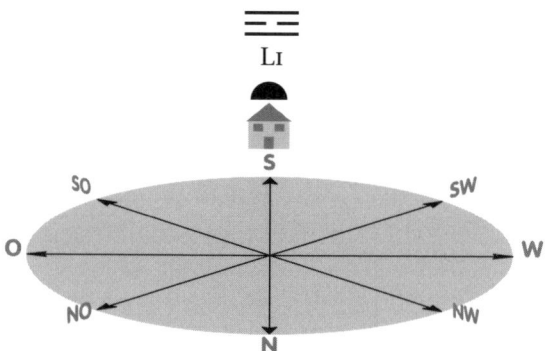

Persönl. Trigramm	Hexa- gramm	
Kiën	**14**	**Der Besitz von Großem:** »Das Feuer am Himmel oben strahlt weit. Die Sonne bringt das Böse und das Gute an den Tag.« Charakterbildung ist angesagt: Gutes stärken, an Schwächen arbeiten – bei sich und an anderen. Stärke im Inneren, Klarheit im Äußeren – gepaart mit Bescheidenheit – das ist wahre Autorität!
Kun	**35**	**Der Fortschritt:** Klarheit und Lebendigkeit verleihen allem, was man tut den rechten Schwung. Was man auch anpackt, es ist von Erfolg gekrönt, wenn man selbst aufrichtig und loyal ist und der Fortschritt nicht auf Kosten anderer geht.
Dschen	**21**	**Das Durchbeißen:** Man muß energisch durchgreifen, entschieden handeln, darf sich aber nicht von Emotionen hinreißen lassen. Klarheit im Urteilen und Angemessenheit in der Vorgehensweise sind wichtig. Fairneß und Taktgefühl dürfen bei aller Entschiedenheit nicht verlorengehen.
Sun	**50**	**Der Tiegel:** Man hat die Zeit, den Raum und damit die Möglichkeit, die eigene Bestimmung zu fühlen, mit ihr in Kontakt zu kommen. Es ist eine »Hoch-Zeit«, in der man die eigenen Be-

dürfnisse, Wünsche und Ziele in Einklang mit seiner Bestimmung und den Energien des Kosmos bringen kann. Deshalb wird dieses Hexagramm auch »Kosmische Ordnung« genannt.

KAN 64 **Vor der Vollendung:** Man sieht das Ziel unmittelbar vor Augen, doch darf man sich nicht zu früh freuen, sonst wird man unvorsichtig und verspielt alles. Vor allem der eigene Standpunkt will immer wieder kritisch reflektiert werden.

LI 30 **Das Haftende, das Feuer:** »So erleuchtet der große Mann die vier Weltgegenden.« Dank dieser Strahlkraft vermittelt man Sinn, Wert und Orientierung. Man steht im Rampenlicht und wird an den eigenen Maßstäben gemessen. Wenn man sich in seiner Ethik den Gesetzen der Natur unterordnet und die Aussagen »in doppelter Klarheit« leuchten, so ist man zum geistigen Führer berufen.

DUI 38 **Der Gegensatz:** Man steht mit seiner Meinung im Gegensatz zu anderen, wenn nicht gar im Abseits. Sei's drum, es kommt darauf an, daß man sich seine Eigenart bewahrt und dazu steht – jedoch höflich und nicht provozierend.

GEN 56 **Der Wanderer:** Es gilt, Geborgenheit in sich zu entwickeln; die eigenen Ansichten für sich zu behalten, anstatt sie anderen aufdrängen zu wollen; Konflikte nicht anstehen zu lassen, sondern sie sofort zu lösen, wobei man mit Milde vorgehen muß.

Himmelspalast KUN
Sitzposition Südwesten

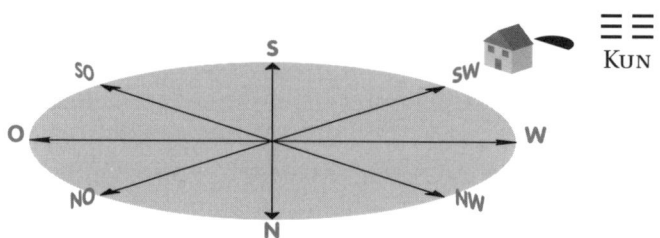

Persönl. Trigramm	Hexa- gramm	
KIËN	11	**Der Friede:** Man besitzt das Händchen, die Ereignisse der rechten Zeit und dem richtigen Ort anzupassen. Das »Timing« stimmt, und so entstehen Harmonie und Frieden.
KUN	2	**Das Empfangende:** »Der Zustand der Erde ist die empfangende Hingebung.« Man hat für die anderen da zu sein, aber nicht in überfürsorglicher, einengender und bestimmenwollender Art, sondern indem man sich bemüht, deren Wesen zu erkennen und sich darauf einzustimmen. Dadurch wird man selbst bereichert.
DSCHEN	24	**Die Wiederkehr, die Wendezeit:** Geduld! Die Dinge stecken noch in den Anfängen! Analyse der Vergangenheit, Besinnung auf die Gegenwart und Pflege von Freundschaften sind angemessen. Daraus erwachsen Erkenntnisse, und man schöpft Kraft für künftige Unternehmungen.
SUN	46	**Das Empordringen:** Der Erfolg fällt einem nicht in den Schoß. Man braucht Stärke, Willenskraft und Beharrlichkeit. Man darf sich helfen lassen. Wenn man tüchtig ist und dabei sanftmütig auftritt, wird man Großes vollbringen.

KAN 7   **Das Heer:** Die Lage ist gespannt. Doch mit Selbstbeherrschung und Disziplin läßt sie sich meistern. Man muß integer und authentisch sein, den Mitmenschen gegenüber weitherzig und freundlich.

LI 36   **Die Verfinsterung des Lichts:** »Die Sonne ist unter die Erde gesunken, daher verdunkelt.« So ist man gezwungen, sein Licht unter den Scheffel zu stellen, und kann lernen, Verhältnisse zu akzeptieren, die man nicht verändern kann. Man soll die Zeit nutzen, um für sich seine eigene Wahrheit zu erkennen.

DUI 19   **Die Annäherung:** Indem man sich anderen annähert – auch wenn man nicht sehr viel Gemeinsamkeiten hat –, so kann man doch schöne Stunden miteinander verbringen und gemeinsame Werke tun. Doch muß man spüren, wann die Zeit gekommen ist, wieder getrennte Wege zu gehen.

GEN 15   **Die Bescheidenheit:** »Das Gesetz der Erde ist, das Volle zu verändern und dem Bescheidenen zuzufließen«: Bemühungen um Gerechtigkeit, um Ausgleich sozialer Gegensätze in der unmittelbaren Umgebung. In sich selbst soll man ausgewogener werden, Egotrips vermeiden, aber auch Selbstvertrauen dort entwickeln, wo man sich minderwertig fühlt.

Himmelspalast Dui
Sitzposition Westen

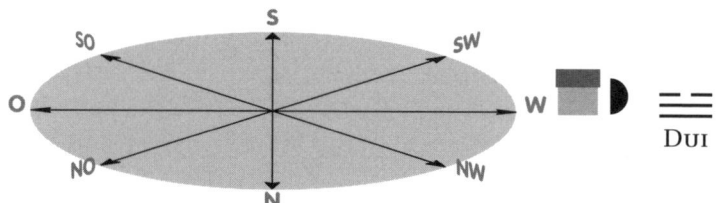

Persönl. Trigramm	Hexa- gramm	
KIËN	**43**	**Der Durchbruch, die Entschlossenheit:** Entschlossenheit beruht auf einer Vereinigung von Stärke und Freundlichkeit. Wer provoziert und verunglimpft, der gießt nur Öl ins Feuer des Konflikts. Dennoch keine faulen Kompromisse eingehen!
KUN	**45**	**Die Sammlung:** Man ist in einer Energie, die bewirkt, daß sich gerne Menschen um einen scharen. Doch in der Freude über die Geselligkeit liegt die Gefahr von Streitigkeiten und Intrigen. Sie lassen sich vermeiden, wenn man sich in sich selbst sammelt, Integrität bewahrt und Moral höherstellt als amüsante und riskante Gesellschaftsspiele.
DSCHEN	**17**	**Die Nachfolge:** Ein Zeit-Raum für Ruhe und Erholung. Rücksichtsvolles Verhalten und Anpassung an andere ist angezeigt, auch wenn diese jünger und unerfahrener sind.
SUN	**28**	**Des Großen Übergewicht:** Probleme lasten schwer auf einem, aber es ist ein großes Werk, sie zu lösen. Der Himmel segnet die Bemühung. Es bedarf der Festigkeit im Charakter und einer heiteren Unverzagtheit. Das Problem will gründlichst analysiert werden, dann ergeben sich auch Lösungsmöglichkeiten.

KAN 47 **Die Bedrängnis, die Erschöpfung:** In Notzeiten muß man innerlich stark bleiben. Man darf nicht feilschen und verhandeln. Zu viele Worte erschöpfen und bringen Mißerfolg. Sich treu bleiben und immer wieder abtauchen in die tiefste Schicht des eigenen Wesens!

LI 49 **Die Umwälzung, die Mauserung:** Man findet sich in Verhältnissen, die von Grund auf geändert werden sollten. Ist man frei von selbstsüchtigen Zielen, ist man sich der Tragweite seines Handelns und der damit verbundenen Verantwortung für die Menschen bewußt, dann ist Erfolg beschieden.

DUI 58 **Das Heitere, der See:** Man ist gesellig und guter Dinge. Doch die Heiterkeit ist nicht oberflächliche Lustigkeit, und die Geselligkeit hat Tiefgang. So kommt es zum schöpferischen und gegenseitig befruchtenden Erfahrungs- und Meinungsaustausch.

GEN 31 **Die Einwirkung, die Werbung:** »Innerliches Stillhalten bei äußerer Freude«: Man soll gesellig sein, denn aus den Gesprächen erwachsen einem viele wertvolle Impulse und Ratschläge – aber nur, wenn man vorurteilsfrei zuhört und sich selbst nicht zu sehr in den Mittelpunkt stellt.

Himmelspalast Kïën
Sitzposition Nordwesten

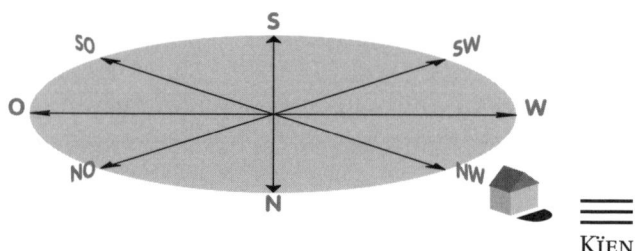

Persönl. Trigramm	Hexa- gramm	

Kïën   **1**   **Das Schöpferische:** Man ist schöpferisch, kraftvoll und unermüdlich. Diese einzigartige Energie muß man nutzen. Wer dies versäumt, fällt in seiner Entwicklung wieder zurück.

Kun   **12**   **Die Stockung:** Man verbirgt seinen Wert und zieht sich in die Verborgenheit zurück. »Wie's drinnen aussieht, geht niemand etwas an.« Man würde nicht verstanden werden. Man hat die Chance, seinen eigenen Wert zu erkennen und nicht mehr abhängig zu sein vom Applaus der Menge. Schmeicheleien und Ehrungen sind doppelbödig und gefährlich.

Dschen   **25**   **Die Unschuld, das Unerwartete:** Vom Himmel gesegnet ist alles, was man unternimmt – vorausgesetzt, man ist aufrichtig, ehrlich bemüht und ohne Hintergedanken.

Sun   **44**   **Das Entgegenkommen:** Man ist Versuchungen ausgesetzt, auf die man sich – meist aus Ahnungslosigkeit heraus – zunächst einläßt. Wenn man sie aber als Gefahr erkannt hat, gilt es, sich davon zu lösen.

KAN   **6**   **Der Streit:** »Du bist wahrhaftig und wirst gehemmt.« Man soll sich darüber klarwerden, worum es einem in einer Auseinandersetzung wirklich geht, und danach trachten, Streit möglichst zu beenden. Nur ja nicht die Muskeln spielen lassen. Neutrale Vermittler sind wichtig und hilfreich.

LI   **13**   **Gemeinschaft mit Menschen:** Wenn man klare, einleuchtende Ziele hat und die Kraft, sie zu realisieren, dann scharen sich die Menschen um einen. Es bildet sich eine Gemeinschaft, die Großes zuwege bringt.

DUI   **10**   **Das Auftreten:** Wenn man höflich ist, so fressen einem auch wilde Tiere aus der Hand. Man versteht es gut, mit schwierigen Menschen umzugehen.

GEN   **33**   **Der Rückzug:** Rückzug als Zeichen von Stärke! »Gelingen. Im Kleinen ist fördernd Beharrlichkeit.« In Auseinandersetzungen ist gemessenes, überlegtes Zurückweichen angesagt, jedoch kein kampfloses Preisgeben von Terrain. Es ist damit die im Judo und Aikido gelehrte Taktik gemeint, bei der man zunächst zurückweicht. Ein Kontern erübrigt sich dann meist, da der Gegner sich von selbst verzieht.

Himmelspalast KAN
Sitzposition Norden

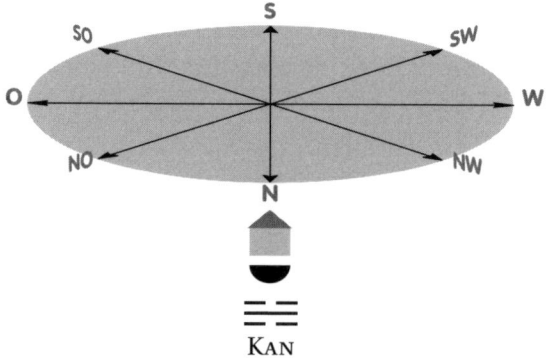

KAN

Persönl. Trigramm	Hexa-gramm	

KIËN   **5**   **Das Warten, die Ernährung:** »Der Regen wird kommen zu seiner Zeit. Man kann ihn nicht erzwingen« – d. h. man lernt, abzuwarten und zu erkennen, wann der rechte Zeitpunkt des Handelns gekommen ist. Wenn man wahrhaftig ist und den Dingen, so wie sie sind, ins Auge schaut, ohne Selbstbetrug und Illusion, dann meistert man alle Gefahren.

KUN   **8**   **Das Zusammenhalten:** Man steht im Mittelpunkt einer Gemeinschaft, die erwartet, daß man Führung und Initiative ergreift. Doch Achtung! Man darf nur dann in diese Rolle schlüpfen, wenn man tatsächlich das Zeug dazu hat, wirkliche Autorität genießt und sich in den Dienst der Gemeinschaft stellt.

DSCHEN   **3**   **Die Anfangsschwierigkeit:** »Wolken und Donner – so wirkt der Edle entwirrend und ordnend.« Obwohl die Energie stark ist und vieles um Gestaltung ringt, muß man sich zurückhalten, seine Ungeduld bezähmen, um nicht mit- und weggerissen zu werden. Alles ist noch etwas chaotisch, und man braucht Helfer, um das Chaos zu bewältigen.

Sᴜɴ   **48**   **Der Brunnen:** Indem man die wahren Gefühle der Mitmenschen (und seine eigenen) erkennt, vermag man beruhigend und ordnend einzugreifen und damit menschlichen Gemeinschaften zum Gedeihen zu verhelfen. Man darf sich aber nicht von Oberflächlichkeiten und Konventionen beeinflussen lassen.

Kᴀɴ   **29**   **Das Abgründige (Tiefgründige), das Wasser:** »Wenn du wahrhaftig bist, so hast du im Herzen Gelingen, und was du tust, hat Erfolg.« Wahrhaftig zu sein bedeutet, sich selbst immer treu zu bleiben. Wenn man in schwierigen Zeiten einer Situation innerlich Herr wird, so löst sie sich im Äußeren wie von selbst.

Lɪ   **63**   **Nach der Vollendung:** Man hat seine Ziele erreicht, ist am Zenit angelangt. Man feiert und freut sich seiner Erfolge. Doch Vorsicht: Ein neuer Lebenszyklus beginnt, und man fängt wieder klein an.

Dᴜɪ   **60**   **Die Beschränkung:** Man muß sich zurückhalten – ob bei Ausgaben, im Temperament, beim Engagement. Man lernt, Maß zu halten, um künftig das rechte Ausmaß an Ausgaben, Einsatz, Engagement einschätzen zu können.

Gᴇɴ   **39**   **Das Hemmnis:** Widerstände im Äußeren sind Spiegelbilder innerseelischer Prozesse. Indem man sich nach innen kehrt und an sich selbst arbeitet, wird das äußere Hemmnis Anlaß zur innerseelischen Klärung und Bereicherung.

Himmelspalast GEN
Sitzposition Nordosten

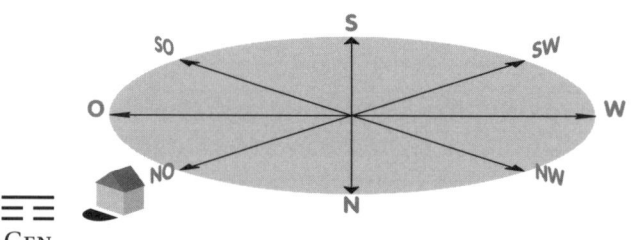

Persönl. Trigramm	Hexa-gramm	
KIËN	26	**Des Großen Zähmungskraft:** Es gelingen schwere und gefahrvolle Unternehmungen. Man muß planmäßig und korrekt vorgehen und sich auf seine Erfahrungen besinnen.
KUN	23	**Die Zersplitterung:** Altes geht zugrunde; das können Werte sein, Beziehungen, Kontrakte. Aber es ist notwendig, daß sie zugrunde gehen, denn sie sind überholt. Das Neue, das jetzt auftauchen kann, ist wesentlich gehaltvoller und zeitgemäßer. Man soll großzügig und verzeihend sein – zu anderen, aber auch sich selbst gegenüber.
DSCHEN	27	**Die Ernährung:** Man soll sehr darauf achten, was man tut, wie man sich ernährt und welche Gedanken man hegt. Die Zeit ist günstig, um all das zu erkennen und fallenzulassen, was einem nicht bekommt – sei es körperlich, seelisch oder geistig.
SUN	18	**Die Arbeit am Verdorbenen:** Man erkennt seine Fehler und Schwächen und macht sich daran, sie auszumerzen. Der Himmel segnet dieses Bemühen!

KAN   **4**   **Die Jugendtorheit:** »Die Quelle, die unten am Berg hervor-kommt, ist das Bild der unerfahrenen Jugend.« Das ist nichts Schlimmes, wenn man sich die Unerfahrenheit eingesteht und sich helfen läßt. Bescheidenheit, Interesse und Lernbe-reitschaft sind die besten Voraussetzungen, um Probleme zu meistern.

LI   **22**   **Die Anmut:** Man freut sich an der Anmut, an den Schönhei-ten dieser Welt. »Im Kleinen ist es fördernd, etwas zu unter-nehmen« – aber nicht im Großen!

DUI   **41**   **Die Minderung:** Man muß lernen, sich zu bescheiden und zu beherrschen. Das Wesentliche ist oft unscheinbar; der innere Wert ist nicht an äußere Fülle gebunden.

GEN   **52**   **Das Stillehalten, der Berg:** Man soll in sich ruhen wie ein Berg, die Welt aus einer meditativen Haltung heraus betrach-ten, den Geschehnissen mit Ruhe und Gelassenheit begeg-nen.

Vertrauen

»My home is my castle« (»Mein Zuhause ist meine Burg«) lautet ein englisches Sprichwort. Hier findet man Sicherheit, Ruhe und Geborgenheit und kann sich von den Kämpfen in der Welt erholen.

Diese Aussage klingt plausibel, aber auch etwas romantisch – nicht jeder wird sie unterschreiben wollen. Auch im eigenen Heim gibt es Krisen; so mancher flüchtet sich in die Arbeit und erholt sich im Büro vom Zwist am heimischen Herd. Die im Alltag erlebten Situationen werden nicht nur von sogenannten »freundlichen« Hexagrammen wie »Der Friede«, »Die Sippe«, »Der Tiegel« und »Die Anmut« beschrieben, sondern auch von Bildern und Urteilen herausfordernder Art wie »Das Heer«, »Die Zersplitterung«, »Die Verfinsterung des Lichts« und ähnlichen.

Die Absicht des Buches ist jedoch aufzuzeigen, daß es grundsätzlich kein ungünstiges Hexagramm gibt, daß man immer mit der Energie versorgt wird, die einen weiterbringen will. Wenn man sich dessen bewußt ist, dann verlieren auch die negativ klingenden Hexagramme ihren Schrecken. »Das Heer« wird zu »Kraft und Entschiedenheit, gepaart mit Weisheit und Güte«, »Die Zersplitterung« zum »befreienden Loslassen und Schmelzen von Verhärtungen« und »Die Verfinsterung des Lichts« zur »inneren Einkehr«.

Umgekehrt haben die positiv klingenden Hexagramme auch ihre Herausforderungen: »Der Tiegel« erwartet Opferung, ob man will oder nicht; und die Aufforderung des »Friedens«, sich der Yin-Kraft unterzuordnen, mag für einen Macho-Himmelsstürmer als Zumutung erlebt werden.

Mal kommt man im Leben weiter, indem man sich in ein Boot legt, ein Segel spannt und sich ans andere Ufer treiben läßt. Bei Rückenwind geht es ganz einfach. Bläst einem aber der Wind ins Gesicht, so lernt man, gegen den Wind zu kreuzen, und kommt auch ans Ziel. In diesem Fall kann man seine Kraft erproben, seine Geschicklichkeit trainieren und wird befähigt, Situationen zu bewältigen, denen man bisher nicht gewachsen war. Was ist nun besser: Rückenwind oder Gegenwind?

Natürlich keiner von beiden, jeder hat seinen Wert. Gegenwind stählt, und Rückenwind fördert die Fähigkeit der Hingabe – im Grunde haben viele Menschen in ihrem Inneren Angst davor, sich in ein Boot zu legen und sich treiben zu lassen.

Vertrauen ist das Schlüsselwort bei unserer Betrachtungsweise: Vertrauen in die Hingabe, Vertrauen in die Kraft, Vertrauen in die Abenteuer des Tages und der Nacht.

Die Unterstützung, die man durch die Qualität der Himmelsrichtung in der eigenen Wohnung erfährt, ist zudem nicht die einzige. Am Arbeitsplatz, am Stammtisch – immer befindet man sich in einem Himmelspalast – es geht gar nicht anders! Immer kann man vertrauen, denn jeder Himmelspalast fördert auf seine Weise das persönliche Wachstum.

Der Sinn dieser Entwicklung ist die Entfaltung des eigenen Potentials auf unserem Lebensweg. Schon im Samenkorn träumt jede Blume vom Erblühen. Diese Sehnsucht ist in jedem von uns wirksam. Wir wollen uns »ent-wik-keln«, wollen heraus aus den Verwicklungen, die unsere emotional geladenen Gedankenkonstrukte schaffen, mit denen wir das, was gerade geschieht, bewerten, es uns »zurechtdenken« und damit unsere Wirklichkeit kreieren.

Die Lotosblüte, die die Wasseroberfläche erreicht hat, entfaltet ihre Blütenpracht, sie wird getragen und genährt – es ist alles ganz leicht.

Sie versinnbildlicht die größte Initiation, die uns als Menschen vergönnt ist und die als ein Erwachen beschrieben wird. Sie führt aus der Welt der Dualität heraus und beendet den dornenreichen Weg des Leidens.
Diese Initiation ist eine Gnade – man kann sie auch mit Exerzitien und Meditation nicht erzwingen. Viele streben sie bewußt an und setzen sich unter einen gehörigen Druck: Ashram-Hopping, Satsang-Sucht, Guru-Verehrung, Pilgerreisen – so sinnvoll das alles auch sein mag, im Erleuchtungsstreß ist es kontraindiziert. Ein wahrhaft Erwachter ist selten erfreut über die Verhaltensweisen und Projektionen seiner Verehrer, die sich auch ihn »zurechtdenken« wollen.

Die Gnade des Erwachens kann jedem zuteil werden – einem Obdachlosen, der verzweifelt auf einer Parkbank liegt, ebenso wie einer medikamentenabhängigen Frau in der Entzugsklinik oder einem »Easy Rider« und Harley-Davidson-Liebhaber beim Erwachen aus dem Koma auf der Intensivstation. Wenn man verzweifelt ist, das Gefühl hat, es ginge nicht mehr weiter, und das Kämpfen läßt, kann es im Bewußtsein umspringen. Dieses Umspringen ist die Rettung, die im eigenen Inneren geschieht und nicht von außen kommt.

Es gibt aber auch »gemütlichere« Formen der Initiation: Beim Sich-Versenken in die Schönheit eines glitzernden Tautropfens, beim Empfangen einer wundervollen Massage oder in der Vereinigung mit dem geliebten Menschen.

Der Wiener Religionsphilosoph Arnold Keyserling beschreibt eine seiner initiatischen Erfahrungen wie folgt:

> »Ich saß gerade in einem Kaffeehaus in Brüssel gegenüber einem Spiegel, als ich plötzlich eine wache Vision hatte, wie ich auf einem Karussell, dessen Figuren von Tüchern verhüllt waren, in die Mitte trat und dieses in seiner Drehung innehielt, also stillstand. Mit einem Schlag waren alle meine Sorgen verschwunden. Ich hatte in unbegreiflicher Weise einen weiteren Schritt der Bewußtwerdung erlebt, ein Vertrauen, das mein Erlebnis mit Ramana Maharshi noch überstieg und mir fortan den praktischen Lebensmut verlieh.«

Das Sein mit dem, was ist, ohne es zu beurteilen und zu bewerten, führt in die Tiefe. Zugegeben – das Loslassen von Beurteilungen und Bewertungen will erst geleistet werden. Vielleicht ist das folgende Gedicht dafür eine Hilfe:

Was es ist

Es ist Unsinn
sagt die Vernunft
Es ist was es ist
sagt die Liebe

Es ist Unglück
sagt die Berechnung
Es ist nichts als Schmerz
sagt die Angst
Es ist aussichtslos
sagt die Einsicht
Es ist was es ist
sagt die Liebe

Es ist lächerlich
sagt der Stolz
Es ist leichtsinnig
sagt die Vorsicht
Es ist unmöglich
sagt die Erfahrung
Es ist was es ist
sagt die Liebe

Erich Fried

Wenn man seinem Bewußtsein erlaubt, in das Wesen der Dinge, in die Essenz und Präsenz des gegenwärtigen Augenblicks einzutauchen – ohne an Vergangenheit und Zukunft zu denken –, erfährt man Frieden und erlebt die Fülle des All-eins-Seins.

Die Annahme der augenblicklichen Situation bedeutet nicht unbedingt Nichtstun. Sie kann durchaus ein Handeln erfordern. Aber das aus der Annahme erfolgte Tun hat bessere Chancen auf Erfolg als ein Kämpfen aus einer Haltung des Verleugnens, des Nicht-wahrhaben-Wollens, des Wieder-ungeschehenmachen-Wollens.

Eine große Herausforderung anzunehmen mag dem Durchschreiten von Wasser und Feuer gleichkommen. Und indem man dieser Herausforderung klar ins Auge sieht, mit vollem Bewußtsein Ja zu ihr sagt und sich ihr stellt, kann man erleben, wie einem unerwartete Hilfe zuteil wird – so als hätte man auf der Zauberflöte gespielt.

Das Leben hält immer das jeweils Geeignete für uns bereit. Unsere innere Führung weiß, welche Situationen, Abenteuer und Herausforderungen uns weiterbringen, und sie unterstützt uns nach Kräften dabei. Das Geeignete muß nicht das gerade Erwünschte sein, aber Hingabe an das Leben und Vertrauen erleichtern den Weg.

»Segne die Gegenwart, vertraue und erwarte das Beste«, rät uns Serge King, ein auf Hawaii lebender Schamane und promovierter Psychologe.

Die dornenbewehrte Rose sticht nur den, der Angst vor ihr hat. Wenn man sich aber in Liebe mit ihrem Wesen verbindet, so läßt sie sich pflücken, ohne zu verletzen.

Anhang

Die Befragung des I Ging
———

Das persönliche Trigramm
———

Literatur
———

Dank
———

Über den Autor

Die Befragung des I Ging

Das *I Ging* ist weniger ein Orakelbuch – im Sinne von »Orakeln« und Prophezeien – als vielmehr ein weiser Ratgeber. Mittels der Hexagramme teilen uns die »lichten Götter« – wie sie im *I Ging* genannt werden – mit, wie wir die Lage, in der wir uns befinden, verstehen sollen und welches Verhalten anzuraten wäre.

Man formuliert – am besten schriftlich – das Problem, das man hat, und fügt einen Satz wie den folgenden hinzu:

»Bitte, *I Ging*, erhelle mir die Lage und teile mir mit, wie ich mich zu verhalten habe.«

Bei Entscheidungsproblemen darf man dem *I Ging* keine Ja/nein- und Entweder/oder-Fragen stellen. Man muß dann umformulieren: Statt »Soll ich diesen Job annehmen?« fragt man: »Gesetzt den Fall, ich nehme diesen Job an – in welche Lage komme ich dann?«

Der Akt der Befragung geschieht traditionell mittels Schafgarbenstengel oder Münzen. Da beide Formen gleiche Gültigkeit haben, wird hier die Vorgehensweise mit Münzen erklärt, da sie einfacher und schneller vonstatten geht.

Man nimmt drei gleichwertige Münzen, schüttelt sie in der hohlen Hand und wirft sie in Gedenken an die Frage sechsmal. Nach jedem Wurf notiert man, wie oft Kopf und/oder Zahl geworfen wurde.

Es gibt vier Möglichkeiten (Kopf = K, Zahl = Z): K K K – K K Z – K Z Z – Z Z Z. Kopf zählt 2, Zahl 3, und die drei Ziffern addiert ergeben eine Summe zwischen 6 und 9.

8   bedeutet eine Yin-Linie, die für absehbare Zeit ihre Qualität beibehält:

6   hingegen bedeutet eine Yin-Linie, die sich in ihrer Pendelbewegung zwischen Yin- und Yang-Pol nahe an der Wandlung zur Yang-Qualität befindet: —×—

7   bedeutet eine sogenannte stabile Yang-Linie: — —

9   bedeutet eine in Wandlung begriffene Yang-Linie: —o—

Durch die sechs Würfe erhält man sechs Summen. Man schreibt sie übereinander auf, und zwar von unten nach oben.

Beispiel zur obenerwähnten Frage nach einem bestimmten Job:

6. Wurf	KZZ	8	— —	Yin-Linie	stabil
5. Wurf	KKZ	7	———	Yang-Linie	stabil
4. Wurf	ZZZ	9	—o—	Yang-Linie	in Wandlung
3. Wurf	KZZ	8	— —	Yin-Linie	stabil
2. Wurf	KZZ	8	— —	Yin-Linie	stabil
1. Wurf	KZZ	8	— —	Yin-Linie	stabil

Oberes Trigramm: Dui

Hexagramm Nr. 45, Tsui

Unteres Trigramm: Kun

Zur Bedeutung:

Man ist in bezug auf den Gegenstand der Frage in einer Situation des Empfangenden, des Dienenden (Kun) und hat eine Lernerfahrung mit Dui (dem Heiteren, dem See) zu erwarten. Das Zeichen, das sich aus der Verbindung der beiden Trigramme ergibt, ist das Hexagramm Nr. 45, Tsui – »Die Sammlung«. Zusammengefaßt hat es folgende Bedeutung, die auch in Teil 4 dieses Buches im Kapitel »Himmelspalast Dui – Westen« unter Kun aufgeführt ist:

45 Die Sammlung: Man ist in einer Energie, die bewirkt, daß sich gerne Menschen um einen scharen. Doch in der Freude über die Geselligkeit liegt die Gefahr von Streitigkeiten und Intrigen. Sie lassen sich vermeiden, wenn man sich in sich selbst sammelt, Integrität bewahrt und Moral höherstellt als amüsante und riskante Gesellschaftsspiele.

Die vierte Linie ist nun nahe daran, sich von einer Yang- in eine Yin-Linie zu verwandeln. Dadurch verändert sich das obere Trigramm und wird zu Kan. Man bleibt also weiter in der Rolle des Empfangenden, Dienenden (Kun), wird aber darauf hingewiesen, daß man bei Kan, der Welt der Seele, auf die Gefühle der Mitmenschen – in diesem Fall der neuen Kollegen – eingehen soll und ganz besonders die Gruppendynamik zu beachten hat. Wenn einem dies gelingt, so nimmt man in der neuen Stelle eine zentrale und anerkannte Position ein.

Oberes Trigramm: KAN

Hexagramm Nr. 8, BI

Unteres Trigramm: KUN

KUN unter KAN ergibt Hexagramm Nr. 8, BI – »Das Zusammenhalten«:

8 Das Zusammenhalten: Man steht im Mittelpunkt einer Gemeinschaft, die erwartet, daß man Führung und Initiative ergreift. Doch Achtung! Man darf nur dann in diese Rolle schlüpfen, wenn man tatsächlich das Zeug dazu hat, wirkliche Autorität genießt und sich in den Dienst der Gemeinschaft stellt. (Siehe Kapitel »Himmelspalast KAN – Norden«.)

Die Prognose ist also günstig. Ob sie wirklich eintrifft, hängt jedoch vom konkreten Verhalten der fragenden Person ab. Wenn sie die Empfehlungen beherzigt, entsprechend behutsam vorgeht und bereit ist, der Gemeinschaft zu dienen, so wird ihr dies gelingen.

Eine zusätzliche Information ergibt sich aus der Wandlungslinie (9) des vierten Wurfs. Sie lautet im Text des *I Ging* mit dem Kommentar von Richard Wilhelm (»Neun auf viertem Platz« bei Hexagramm Nr. 45):

»Großes Heil! Kein Makel.
Es ist hier ein Mann gezeichnet, der im Namen seines Herrn die Menschen um sich sammelt. Da er keine Sondervorteile für sich erstrebt, sondern uneigennützig an der allgemeinen Einheit arbeitet, so ist seine Arbeit von Erfolg gekrönt, und alles wird recht.«

(Die Bedeutungen der insgesamt 64 × 6 = 384 Wandlungslinien müssen aus einem *I-Ging*-Buch entnommen werden. Sie in diesem Buch jeweils im einzelnen aufzuführen und zu kommentieren, würde den Rahmen sprengen.)

Der Fragesteller kann also beruhigt die neue Stelle antreten – in dem Bewußtsein, daß er in ihrem Rahmen die Qualität von KUN in sich entwickeln kann.

Das persönliche Trigramm

Formel zum Errechnen der Trigrammzahl

So wie jedem Trigramm eine Zahl zugeordnet ist (siehe Kapitel »Die Schildkröte des Flusses Lo« in Teil 1 des Buches), so läßt sich auch für jeden Menschen eine Zahl bestimmen, die dem persönlichen Trigramm entspricht.
Mit Hilfe einer einfachen, im Feng Shui gebräuchlichen Formel kann sie aus
dem Geburtsjahr errechnet werden, jedoch für Frauen und Männer in etwas
unterschiedlicher Weise:

Formel für die Frau
Von den letzten beiden Ziffern des Geburtsjahres* zieht man 4 ab. Das Er-
gebnis wird durch 9 geteilt. Der verbleibende Rest ist die Trigrammzahl.
Ausnahme: Ist der Rest 0, dann nimmt man als Trigrammzahl die 9; ist der
Rest 5, dann setzt man dafür die 8.

Beispiel: Geburtsjahr 1950
50 minus 4 = 46. 46 dividiert durch 9 = 5, der Rest ist 1. Die Trigrammzahl ist
also 1, das Trigramm dieser Frau ist KAN.

Formel für den Mann
Die beiden letzten Ziffern des Geburtsjahres* werden von 100 abgezogen.
Das Resultat wird durch 9 geteilt. Der verbleibende Rest ist die Trigrammzahl. *Ausnahme:* Ist der Rest 0, dann ergibt das die Trigrammzahl 9; ist er 5,
dann wird dafür die 2 gesetzt.

Beispiel: Jahrgang 1946
100 minus 46 = 54. 54 dividiert durch 9 = 6, der Rest ist 0. Dieser Mann hat
die Trigrammzahl 9, also LI.

Diese Formeln gelten für Personen, die im 20. Jahrhundert, also in der Zeit
von 1900 bis 1999, geboren sind.

---

* Personen mit Geburtstag im Januar oder Februar sollten die Ausführungen zum Mondkalender auf der folgenden Seite beachten.

Für Menschen, die im 19. Jahrhundert geboren wurden, werden bei den Frauen 5 statt 4 abgezogen und bei den Männern die 100 durch 101 ersetzt. Für Personen, die im 21. Jahrhundert auf die Welt kommen, werden bei den Frauen statt 4 nur 3 abgezogen und bei den Männern die 100 durch 99 ersetzt.

Die 5 steht im Lo-Shu-Quadrat für die Mitte und ist nicht speziell durch ein Trigramm beschrieben. Sie wird aber wie die 2 und die 8 dem Entwicklungsprinzip Erde zugeordnet. Somit werden Personen mit dem Rest 5 der Trigrammzahl 2 beziehungsweise 8 zugeteilt.

> Zu beachten ist außerdem, daß man bei der Trigramm-Bestimmung nicht vom Jahresbeginn am 1. Januar ausgeht! Man richtet sich statt dessen nach dem *Mondkalender*, und damit fällt der Neujahrstag – je nach Jahr – auf ein Datum zwischen Mitte Januar und Mitte Februar.

So ein stets variierender Kalender ist unpraktisch; deswegen hat man in China den Jahresbeginn auf den 4. Februar, in Schaltjahren auf den 5. Februar gelegt. Dieses Datum ergibt sich wiederum aus dem Sonnenkalender: Es stellt die Mitte zwischen der Wintersonnenwende und der Tagundnachtgleiche im Frühjahr dar.

Die unterschiedliche Handhabung ist leider für die Personen verwirrend, die um diese Zeit herum geboren sind, denn sie werden nun – je nach Kalenderart – dem einen oder anderen Trigramm zugeordnet. Sind sie nun etwa GEN oder DUI? Mit Sicherheit haben sie an beiden Trigrammen Anteil! Denn der Wechsel vollzieht sich nicht abrupt von einem Tag auf den anderen mit dem Glockenschlag um Mitternacht. Der Übergang ist fließend, und die Qualitäten beider Trigramme sind während eines Zeitraumes von drei bis vier Wochen gleichzeitig wirksam.

In diesem Buch wird der Trigramm-Bestimmung nach dem Mondkalender der Vorrang gegeben. Dieser Kalender spielt im Bazi Suanming, der chinesischen Variante der Astrologie, eine große Rolle. Auf den Mondphasen auch beruht der Kalender der Mayas und der alten Polynesier. Selbst in den »aufgeklärten« Gesellschaften des Informationszeitalters spricht sich mittlerweile herum, daß die Mondzyklen die Rhythmen des Wachstums beeinflussen.

Für eine schnelle Ermittlung des persönlichen Trigramm-Wesenstyps nach dem Mondkalender ist die folgende Tabelle zweckmäßig:

Tabelle zur Bestimmung des persönlichen Trigramms*

Chinesisches Jahr (nach dem Mondkalender)		Persönliches Trigramm			
erster Tag	letzter Tag**	Frauen		Männer	
19. Feb. 1901	07. Feb. 1902	KIËN	6	LI	9
08. Feb. 1902	28. Jan. 1903	DUI	7	GEN	8
29. Jan. 1903	15. Feb. 1904	GEN	8	DUI	7
16. Feb. 1904	03. Feb. 1905	LI	9	KIËN	6
04. Feb. 1905	24. Jan. 1906	KAN	1	KUN	2
25. Jan. 1906	12. Feb. 1907	KUN	2	SUN	4
13. Feb. 1907	01. Feb. 1908	DSCHEN	3	DSCHEN	3
02. Feb. 1908	21. Jan. 1909	SUN	4	KUN	2
22. Jan. 1909	09. Feb. 1910	GEN	8	KAN	1
10. Feb. 1910	29. Jan. 1911	KIËN	6	LI	9
30. Jan. 1911	17. Feb. 1912	DUI	7	GEN	8
18. Feb. 1912	05. Feb. 1913	GEN	8	DUI	7
06. Feb. 1913	25. Jan. 1914	LI	9	KIËN	6
26. Jan. 1914	13. Feb. 1915	KAN	1	KUN	2
14. Feb. 1915	02. Feb. 1916	KUN	2	SUN	4
03. Feb. 1916	22. Jan. 1917	DSCHEN	3	DSCHEN	3
23. Jan. 1917	10. Feb. 1918	SUN	4	KUN	2
11. Feb. 1918	31. Jan. 1919	GEN	8	KAN	1
01. Feb. 1919	19. Feb. 1920	KIËN	6	LI	9
20. Feb. 1920	07. Feb. 1921	DUI	7	GEN	8
08. Feb. 1921	27. Jan. 1922	GEN	8	DUI	7

* Die Angaben entstammen dem *Traditionellen chinesischen Mondkalender* (Manfred Kubny) sowie dem *Großen Feng Shui Gesundheitsbuch* (Wilhelm Gerstung & Jens Mehlhase).

** Je nachdem, zu welcher *Uhrzeit* der Jahreswechsel genau stattfindet, kann auch der folgende Tag noch teilweise zum vergangenen Jahr gehören. Diese Feinheit ist besonders interessant für Personen, die an der Nahtstelle dieser beiden Tage geboren sind. Auskunft über die exakten Uhrzeiten gibt *Das große Feng Shui Gesundheitsbuch* (Wilhelm Gerstung & Jens Mehlhase).

Chinesisches Jahr
(nach dem Mondkalender)   Persönliches Trigramm

erster Tag	letzter Tag**	Frauen		Männer	
28. Jan. 1922	15. Feb. 1923	Li	9	Kiën	6
16. Feb. 1923	04. Feb. 1924	Kan	1	Kun	2
05. Feb. 1924	24. Jan. 1925	Kun	2	Sun	4
25. Jan. 1925	12. Feb. 1926	Dschen	3	Dschen	3
13. Feb. 1926	01. Feb. 1927	Sun	4	Kun	2
02. Feb. 1927	22. Jan. 1928	Gen	8	Kan	1
23. Jan. 1928	09. Feb. 1929	Kiën	6	Li	9
10. Feb. 1929	29. Jan. 1930	Dui	7	Gen	8
30. Jan. 1930	16. Feb. 1931	Gen	8	Dui	7
17. Feb. 1931	05. Feb. 1932	Li	9	Kiën	6
06. Feb. 1932	25. Jan. 1933	Kan	1	Kun	2
26. Jan. 1933	13. Feb. 1934	Kun	2	Sun	4
14. Feb. 1934	03. Feb. 1935	Dschen	3	Dschen	3
04. Feb. 1935	23. Jan. 1936	Sun	4	Kun	2
24. Jan. 1936	10. Feb. 1937	Gen	8	Kan	1
11. Feb. 1937	30. Jan. 1938	Kiën	6	Li	9
31. Jan. 1938	18. Feb. 1939	Dui	7	Gen	8
19. Feb. 1939	07. Feb. 1940	Gen	8	Dui	7
08. Feb. 1940	26. Jan. 1941	Li	9	Kiën	6
27. Jan. 1941	14. Feb. 1942	Kan	1	Kun	2
15. Feb. 1942	04. Feb. 1943	Kun	2	Sun	4
05. Feb. 1943	24. Jan. 1944	Dschen	3	Dschen	3
25. Jan. 1944	12. Feb. 1945	Sun	4	Kun	2
13. Feb. 1945	01. Feb. 1946	Gen	8	Kan	1
02. Feb. 1946	21. Jan. 1947	Kiën	6	Li	9
22. Jan. 1947	09. Feb. 1948	Dui	7	Gen	8
10. Feb. 1948	28. Jan. 1949	Gen	8	Dui	7
29. Jan. 1949	16. Feb. 1950	Li	9	Kiën	6
17. Feb. 1950	05. Feb. 1951	Kan	1	Kun	2
06. Feb. 1951	26. Jan. 1952	Kun	2	Sun	4
27. Jan. 1952	13. Feb. 1953	Dschen	3	Dschen	3
14. Feb. 1953	02. Feb. 1954	Sun	4	Kun	2
03. Feb. 1954	23. Jan. 1955	Gen	8	Kan	1

Chinesisches Jahr (nach dem Mondkalender)		Persönliches Trigramm			
erster Tag	letzter Tag**	Frauen		Männer	
24. Jan. 1955	11. Feb. 1956	Kiën	6	Li	9
12. Feb. 1956	30. Jan. 1957	Dui	7	Gen	8
31. Jan. 1957	17. Feb. 1958	Gen	8	Dui	7
18. Feb. 1958	07. Feb. 1959	Li	9	Kiën	6
08. Feb. 1959	27. Jan. 1960	Kan	1	Kun	2
28. Jan. 1960	14. Feb. 1961	Kun	2	Sun	4
15. Feb. 1961	04. Feb. 1962	Dschen	3	Dschen	3
05. Feb. 1962	24. Jan. 1963	Sun	4	Kun	2
25. Jan. 1963	12. Feb. 1964	Gen	8	Kan	1
13. Feb. 1964	01. Feb. 1965	Kiën	6	Li	9
02. Feb. 1965	20. Jan. 1966	Dui	7	Gen	8
21. Jan. 1966	08. Feb. 1967	Gen	8	Dui	7
09. Feb. 1967	29. Jan. 1968	Li	9	Kiën	6
30. Jan. 1968	16. Feb. 1969	Kan	1	Kun	2
17. Feb. 1969	05. Feb. 1970	Kun	2	Sun	4
06. Feb. 1970	26. Jan. 1971	Dschen	3	Dschen	3
27. Jan. 1971	14. Feb. 1972	Sun	4	Kun	2
15. Feb. 1972	02. Feb. 1973	Gen	8	Kan	1
03. Feb. 1973	22. Jan. 1974	Kiën	6	Li	9
23. Jan. 1974	10. Feb. 1975	Dui	7	Gen	8
11. Feb. 1975	30. Jan. 1976	Gen	8	Dui	7
31. Jan. 1976	17. Feb. 1977	Li	9	Kiën	6
18. Feb. 1977	06. Feb. 1978	Kan	1	Kun	2
07. Feb. 1978	27. Jan. 1979	Kun	2	Sun	4
28. Jan. 1979	15. Feb. 1980	Dschen	3	Dschen	3
16. Feb. 1980	04. Feb. 1981	Sun	4	Kun	2
05. Feb. 1981	24. Jan. 1982	Gen	8	Kan	1
25. Jan. 1982	12. Feb. 1983	Kiën	6	Li	9
13. Feb. 1983	01. Feb. 1984	Dui	7	Gen	8
02. Feb. 1984	19. Feb. 1985	Gen	8	Dui	7
20. Feb. 1985	08. Feb. 1986	Li	9	Kiën	6
09. Feb. 1986	28. Jan. 1987	Kan	1	Kun	2
29. Jan. 1987	16. Feb. 1988	Kun	2	Sun	4

Chinesisches Jahr
(nach dem Mondkalender)

Persönliches Trigramm

erster Tag	letzter Tag**	Frauen		Männer	
17. Feb. 1988	05. Feb. 1989	DSCHEN	3	DSCHEN	3
06. Feb. 1989	26. Jan. 1990	SUN	4	KUN	2
27. Jan. 1990	14. Feb. 1991	GEN	8	KAN	1
15. Feb. 1991	03. Feb. 1992	KIËN	6	LI	9
04. Feb. 1992	22. Jan. 1993	DUI	7	GEN	8
23. Jan. 1993	09. Feb. 1994	GEN	8	DUI	7
10. Feb. 1994	30. Jan. 1995	LI	9	KIËN	6
31. Jan. 1995	18. Feb. 1996	KAN	1	KUN	2
19. Feb. 1996	06. Feb. 1997	KUN	2	SUN	4
07. Feb. 1997	27. Jan. 1998	DSCHEN	3	DSCHEN	3
28. Jan. 1998	15. Feb. 1999	SUN	4	KUN	2
16. Feb. 1999	04. Feb. 2000	GEN	8	KAN	1
05. Feb. 2000	23. Jan. 2001	KIËN	6	LI	9
24. Jan. 2001	11. Feb. 2002	DUI	7	GEN	8
12. Feb. 2002	31. Jan. 2003	GEN	8	DUI	7
01. Feb. 2003	21. Jan. 2004	LI	9	KIËN	6
22. Jan. 2004	08. Feb. 2005	KAN	1	KUN	2
09. Feb. 2005	28. Jan. 2006	KUN	2	SUN	4
29. Jan. 2006	17. Feb. 2007	DSCHEN	3	DSCHEN	3
18. Feb. 2007	06. Feb. 2008	SUN	4	KUN	2
07. Feb. 2008	25. Jan. 2009	GEN	8	KAN	1
26. Jan. 2009	13. Feb. 2010	KIËN	6	LI	9
14. Feb. 2010	02. Feb. 2011	DUI	7	GEN	8
03. Feb. 2011	22. Jan. 2012	GEN	8	DUI	7
23. Jan. 2012	09. Feb. 2013	LI	9	KIËN	6
10. Feb. 2013	30. Jan. 2014	KAN	1	KUN	2
31. Jan. 2014	18. Feb. 2015	KUN	2	SUN	4
19. Feb. 2015	07. Feb. 2016	DSCHEN	3	DSCHEN	3
08. Feb. 2016	27. Jan. 2017	SUN	4	KUN	2
28. Jan. 2017	15. Feb. 2018	GEN	8	KAN	1
16. Feb. 2018	04. Feb. 2019	KIËN	6	LI	9
05. Feb. 2019	24. Jan. 2020	DUI	7	GEN	8
25. Jan. 2020	10. Feb. 2021	GEN	8	DUI	7

Literatur

Adrian, Franciscus J. M.: *Die Schule des I Ging – Hintergrundwissen.*
Eugen Diederichs Verlag, München 1994.

Adrian, Franciscus J. M.: *Die Schule des I Ging – Die Praxis.*
Eugen Diederichs Verlag, München 1995.

Albert, Volker & Baillieu, Edith:
Feng Shui im Spiegel der Persönlichkeit.
Windpferd Verlag, Aitrang 2000.

Berendt, Joachim-Ernst: *Kraft aus der Stille. Vom Wachsen des Bewußtseins.*
Droemersche Verlagsanstalt, München 2000.

Campbell, Joseph: *Der Heros in tausend Gestalten.*
Suhrkamp Taschenbuch, Frankfurt a. M. 1953.

Campbell, Joseph: *Lebendiger Mythos.*
Dianus Verlag, München 1985.

Dethlefsen, Thorwald & Dahlke, Rüdiger: *Krankheit als Weg.*
C. Bertelsmann Verlag, München 1983.

Dürckheim, Karlfried Graf: *Von der Erfahrung der Transzendenz.*
Herder Verlag, Freiburg i. Br. 1984.

Dürckheim, Karlfried Graf: *Der Weg, die Wahrheit, das Leben. Erfahrungen auf dem Weg zur Selbstfindung.*
Scherz Verlag, Bern / München 1985.

Fried, Erich: *Es ist was es ist.*
Verlag Klaus Wagenbach, Berlin 1983.

Gerstung, Wilhelm & Mehlhase, Jens: *Das große Feng Shui Gesundheitsbuch.*
Windpferd Verlag, Aitrang 2000.

Goethe, Johann Wolfgang von: *Faust.*
Kommentiert von Erich Truntz.
Verlag C. H. Beck, München 1972.

Granet, Marcel: *Das chinesische Denken.*
Piper Verlag, München 1963.

Hammer, Leon: *Psychologie & Chinesische Medizin.*
Joy Verlag, Sulzberg 2000.

Hesse, Hermann: *Stufen. Ausgewählte Gedichte.*
Suhrkamp Verlag, Frankfurt a. M. 1983.

Hesse, Hermann: *»Die Hölle ist überwindbar« – Krisis und Wandlung. Ein Hermann Hesse Lesebuch.*
Suhrkamp Verlag, Frankfurt a. M. 1986.

Homer: *Odyssee.*
Rowohlt Taschenbuch Verlag, Hamburg 1958.

I Ging – Das Buch der Wandlungen.
Übersetzt von Richard Wilhelm.
Eugen Diederichs Verlag, München 1956, 24. Aufl. 1998.

Johnson, Robert A.: *Der Mann, die Frau – auf dem Weg zu ihrem Selbst.*
Walter Verlag, Olten 1981.

Jung, Carl Gustav: *Der Mensch und seine Symbole.*
Walter Verlag, Olten 1968.

Jung, Carl Gustav: *Psychologie und Alchemie.*
Walter Verlag, Olten 1975.

Keyserling, Arnold: *Fülle der Zeit. Botschaften des Menschen im All.*
Verlag der Palme, Wien 1986.

Keyserling, Arnold: *Weltbild des ganzheitlichen Lebens.*
Verlag Jugend und Volk, Wien 1990.

Keyserling, Arnold: *Von der Schule der Weisheit zur Weisheit des Rades.*
Verlag der österreichischen Staatsdruckerei, Wien 1990.

Keyserling, Arnold: *Geschichte der Denkstile.*
Verlag der Palme, Wien 2000.

Keyserling, Wilhelmine: *Mensch zwischen Himmel und Erde.*
Verlag der Palme, Wien 1985.

King, Serge Kahili: *Weisheiten aus Hawaii. HUNA – die praktische Lebensphilosophie.*
Verlag Alf Lüchow, Freiburg i. Br. 2000.

King, Serge Kahili: *Der Stadt-Schamane.*
Verlag Alf Lüchow, Freiburg i. Br. 2001.

Klug, Sonja Ulrike: *Kathedrale des Kosmos. Die heilige Geometrie von Chartres.*
Hugendubel Verlag, Kreuzlingen/München 2001.

Kubny, Manfred: *Traditionelle chinesische Astrologie. Bazi Suanming – Die Schicksalsberechnung nach den acht Zeichen.*
Kehrer Verlag, Heidelberg 2000.

Kubny, Manfred: *Traditioneller chinesischer Mondkalender. Das chinesische Mondjahr und das westliche Sonnenjahr von 1910–2020.*
Kehrer Verlag, Heidelberg 2000.

Lam Kam Chuen: *Das Feng Shui Handbuch.*
Joy Verlag, Sulzberg 1996.

Lam Kam Chuen: *Das persönliche Feng Shui.*
Joy Verlag, Sulzberg 1998.

Lau, Dorothea: *Chinesische Astrologie.*
Droemersche Verlagsanstalt, München 1999.

Lehr, Ursula: Zur Problematik des Menschen im reiferen Erwachsenenalter. Eine sozialpsychologische Interpretation der »Wechseljahre«. In: Hans Thomae & Ursula Lehr (Hrsg.): *Altern – Probleme und Tatsachen.*
Akademische Verlagsgesellschaft, Frankfurt a. M. 1968.

Lehr, Ursula: *Psychologie des Alterns.*
UTB Quelle & Meyer, Heidelberg 1972.

Lim, Jes T. Y.: *Feng Shui & Gesundheit.*
Joy Verlag, Sulzberg 1997.

Meadows, Kenneth: *Die Weisheit der Naturvölker.*
Scherz Verlag, Bern/München/Wien 1989.

Page, Martin: *Managen wie die Wilden. Ein klug-vergnüglicher Vergleich zwischen den Stammesriten der Primitiven und dem Führungsstil unserer Wirtschaft.*
Econ Verlag, Düsseldorf/Wien 1972.

Prochazka, Reinhard: Der Weg des Lo'Shu Helden. *Feng Shui Life,* Heft Nr. 5, 1/99.

Prochazka, Reinhard: Der Turm der Winde. *Feng Shui Life,* Heft Nr. 6, 2/99.

»Psychologie Heute« (Redaktion): *Das Ich im Lebenslauf.*
Psychologie Heute Taschenbuch, Beltz Verlag, Weinheim/Basel 1989.

Rottenfußer, Roland: *Mein Persönlich-keits Feng Shui. Ermitteln Sie Ihren Chi-Typ.*
Windpferd Verlag, Aitrang 1999.

Sachs, Robert: *Die Neun Sterne Astrologie.*
Joy Verlag, Sulzberg 1998.

Schmidbauer, Wolfgang: *Die hilflosen Helfer. Über die seelische Problematik der helfenden Berufe.*
Rowohlt Verlag, Reinbek bei Hamburg 1977.

Schreiber, Hermann: *Midlife crisis. Die Krise in der Mitte des Lebens.*
C. Bertelsmann Verlag, München 1977.

Schuchardt, Erika: *Krise als Lern-chance. Eine Analyse von Lebens-geschichten.*
Patmos Verlag, Düsseldorf 1985.

Somé, Malidoma Patrice: *Vom Geist Afrikas. Das Leben eines afrikanischen Schamanen.*
Eugen Diederichs Verlag, München 1996.

Somé, Malidoma Patrice: *Die Weisheit Afrikas. Rituale, Natur und der Sinn des Lebens.*
Hugendubel Verlag, Kreuzlingen/München, 2001.

Spear, William: *Die Kunst des Feng Shui.*
Droemersche Verlagsanstalt, München 1966.

Tolle, Eckhart: *Jetzt! – Die Kraft der Gegenwart.* J. Kamphausen Verlag, Bielefeld 2001.

Ulsamer, Bertold: *Ohne Wurzeln keine Flügel. Die systemische Therapie von Bert Hellinger.*
Goldmann Verlag, München 1999.

Walsch, Neale Donald: *Freundschaft mit Gott.*
Goldmann Verlag, München 2000.

Weber, Christin Lore: *Schrei in der Wüste. Das Erwachen der Byron Katie.*
J. Kamphausen Verlag, Bielefeld 2001.

Wilhelm, Richard: siehe unter *I Ging – Das Buch der Wandlungen.*

Dank

Man frage einen Strom an der Mündung ins Meer, wem alles er es zu verdanken hat, daß er bis hierher kam – dem himmlischen Regen, zahlreichen Quellen, den schattigen Bäumen, verschiedenen Landschaften …
So geht es mir bei der Überlegung, wem ich es verdanke, daß ich das Wissen erwerben und die Erfahrungen sammeln durfte, die zu diesem Buch geführt haben.

Und doch liegt es mir am Herzen, einige zu nennen. Da sind zuallererst meine Eltern, deren Herzensgüte und engagierte Förderung meiner Interessen und Begabungen vorbildlich war.
Was das Verständnis von Biographien, Lebenskrisen und initiatischen Erfahrungen anbelangt, so habe ich viel von Ursula Kroug gelernt, an deren Seite ich in Todtmoos-Rütte, im Umfeld von Karlfried Graf Dürckheim und Maria Hippius, eine Vielzahl von Workshops leitete.
Ein wahres Füllhorn an Erkenntnissen verdanke ich Arnold Keyserling, meinem ersten *I-Ging*-Lehrer, und seiner Frau Wilhelmine. Beide sind mir als Lehrer, Mentoren und Freunde besonders ans Herz gewachsen.

Dank an Gerhard Waldner, der den Anstoß zu diesem Buch gab, und an meinen Verleger Thomas Kettenring für sein Vertrauen in ein noch ungelegtes Ei – seine Zusage gab er nach der Durchsicht nur eines Seminarskriptes.
Besonders zu Dank verpflichtet fühle ich mich meiner Lektorin Erdmute Otto, die mit ihrer Sachkenntnis und geduldiger Präzision am Gelingen dieses Buches einen wesentlichen Anteil trägt.
Last but not least möchte ich meiner Frau Marianne sehr für ihre Unterstützung und liebevolle Präsenz in all der Zeit meiner »Schwangerschaft« mit diesem Werke danken.

Im *I Ging* ist immer wieder von den »lichten Göttern« die Rede, die sich dieses Orakels bedienen, um den Menschen beizustehen. Und so möchte ich mich vor allem auch bei IHNEN bedanken, die alles so gefügt haben.

Diese Fügung und Führung wurde auch beim Schreiben des Buches deutlich. Als ich das Kapitel über GEN, die Buddha-Natur, schrieb, war eine heilige, ganz ungewohnte Stille in meinem Büro. Am darauffolgenden Tag schrieb ich über DSCHEN: Laufend ging das Telefon, und mein Möbelhändler lieferte mir endlich das schon vor Monaten bestellte Sofa mit einem frisch-grünen Bezug, der Farbe des schnell wachsenden Holzes.

Man kann nur staunen vor dem Wunder des Lebens und sich in Ehrfurcht davor verneigen.

Über den Autor

Dr. phil. Reinhard Prochazka, Diplom-Psychologe, Jahrgang 1946, studierte in Wien, München und in Hamburg, wo er anschließend promovierte (bei Prof. Dr. Peter Hofstätter, einem bekannten Sozialpsychologen mit einer faszinierenden Universalität und geistigen Weite).

Schon neben seinem Studium arbeitete er freiberuflich in verschiedenen Feldern der Betriebs- und Sozialpsychologie. Schwerpunkte der ersten 15 Berufsjahre waren Studien über Berufszufriedenheit, Fluktuation und Krankenstand sowie die Entwicklung von Konzepten und entsprechende Schulungen zur Deeskalation von Konflikten.

In der Existentialpsychologischen Bildungs- und Begegnungsstätte Todtmoos-Rütte (Leitung: Prof. Karlfried Graf Dürckheim und Dr. Maria Hippius) lernte er Anfang der achtziger Jahre erstmals asiatisches Gedankengut kennen – insbesondere den Zen – und durchlief die Ausbildung an der dortigen Schule für Initiatische Therapie.

Während dieser Zeit begegnete er auch dem Wiener Professor für Religionsphilosophie Arnold Keyserling und seiner Frau Wilhelmine. Deren Lebenswerk – das Herausarbeiten der gemeinsamen Essenz aller Religionen und Wissenschaften – wurde für ihn wegweisend.

In der Folge dieser Erfahrungen entwickelte er eine erfolgreiche Workshop-Reihe, die »Trilogie der Menschwerdung: Gilgamesch – Odysseus – Faust«. Die drei Epen werden in einen entwicklungspsychologischen Zusammenhang gestellt, aus dem heraus individuelle Biographien und Schicksale in einer kosmischen Dimension verstehbar werden.

In Hawaii studierte er die HUNA-Lehre und ließ sich zum Practitioner und Teacher für polynesische Körperenergiearbeit ausbilden.

Das Handwerk des Feng Shui erlernte er bei Jes T. Y. Lim. In der Begegnung mit dem Feng-Shui-Berater Marc Häberlin wurde er in seiner Überzeugung bestärkt, daß es auch einen schöpferischen europäischen Weg geben kann, diese Wissenschaft nach individuationspsychologischem Verständnis weiterzuentwickeln und anzuwenden.

Dr. Prochazka konzipierte eine entsprechende Seminarreihe »Feng Shui und Persönlichkeitsentwicklung«, die neben den Themen *I Ging* und Feng Shui auch Elemente der chinesischen Astrologie und Aspekte der Initiatischen Therapie beinhaltet.

Er lebt in Freiburg im Breisgau, arbeitet als Feng-Shui- und Organisationsberater und leitet Seminare zu den genannten Themen im gesamten deutschsprachigen Raum.

Seminarprogramme können unter folgender Adresse angefordert werden:

Institut Dr. Reinhard Prochazka
Hauptstr. 13 a
79104 Freiburg i. Br.
Tel.: +49 (0)761 555128
Fax: +49 (0)761 555129
E-Mail: institutprochazka@web.de

Erweiterte und aktualisierte Neuauflage!

Barbara Temelie

Ernährung nach den Fünf Elementen

Wie Sie mit Freude und Genuß Ihre Gesundheit, Liebes-
und Lebenskraft stärken

224 Seiten, kart., mit Poster: Nahrungsmittel nach den Fünf Elementen
€ 15,30 / SFR 27,50
ISBN 3-928554-03-4

Erweiterte und aktualisierte
Neuauflage!

Barbara Temelie • Beatrice Trebuth

Das Fünf Elemente Kochbuch

Die praktische Umsetzung der chinesischen Ernährungslehre
für die westliche Küche
200 Rezepte zur Stärkung von Körper und Geist

416 Seiten, kart., mit Farbposter: Nahrungsmittel nach den Fünf Elementen
€ 18,80 / SFR 33,50
ISBN 3-928554-05-0

Karola Schneider

Kraftsuppen
nach der Chinesischen Heilkunde

Wohltuende und stärkende Fünf-Elemente-Suppen für die westliche Küche

152 Seiten, kart., mit vielen farb. Abb.,
€ 18,80 / SFR 33,50
ISBN 3-928554-35-2

Laurence G. Boldt

Das Tao der Fülle
Vom Reichtum, der uns glücklich macht

304 Seiten, gebunden,
€ 23,– / SFR 40,80
ISBN 3-928554-42-5

Dr. med. Leon Hammer
Psychologie & Chinesische Medizin

Zukunftsweisende Erkenntnisse über das energetische Zusammenspiel
von Emotionen und Körperfunktionen

512 Seiten, kart.,
€ 35,– / SFR 60,70
ISBN 3-928554-40-9

Lam Kam Chuen
Chi Kung – Weg der Heilung

Wie Sie Ihre Gesundheit und Heilkräfte stärken

160 Seiten, kart., über 300 Farbillustrationen,
€ 18,80 / SFR 33,50
ISBN 3-928554-37-9

Dr. Jes T. Y. Lim
Feng Shui & Gesundheit

Vital leben in Haus und Wohnung
Feng Shui lernen und anwenden

228 Seiten, kart., Großformat,
300 Illustrationen, 24 Aquarelle,
€ 19,80 / SFR 35,20
ISBN 3-928554-29-8

Lam Kam Chuen
Das Feng Shui Handbuch

Wie Sie Ihre Wohn- und Arbeitssituation verbessern

160 Seiten, großes Format, 300 Illustrationen
€ 18,80 / SFR 33,50

ISBN 3-928554-18-2